2023年版
社会保険ブック

2023年版

社会保険アップ

2023年版　社会保険ブック　目次

社会保険トピックス

※以下は、すべて令和5年3月末現在の情報となります。その後の法令等の公布により、内容が追加・修正される場合もありますので、ご了承ください。

◇年金（国民年金・厚生年金）

●繰下げみなし（65歳に遡及したときの特例）（令和5年4月1日施行）

昭和27年4月2日以降に生まれた方（または平成29年4月1日以降に受給権が発生した方）で、年金を受け取る権利が発生してから5年経過後に、繰下げ受給の申出を行わず老齢基礎（厚生）年金をさかのぼって受け取ることを選択した場合は、請求の5年前に繰下げ受給の申出があったものとみなして増額された年金を一括で受け取ることができます。

●令和5年度の年金額

年金額の改定は、名目手取り賃金変動率が物価変動率を上回る場合、新規裁定者（67歳以下の方）の年金額は名目手取り賃金変動率を、既裁定者（68歳以上の方）の年金額は物価変動率を用いて改定することが法律で定められています。このため、令和5年度の年金額は、新規裁定者は名目手取り賃金変動率（2.8％）を、既裁定者は物価変動率（2.5％）を用いて改定されます。さらに、令和5年度のマクロ経済スライドによる調整（▲0.3％）と、令和3・4年度のマクロ経済スライドの未調整分による調整（▲0.3％）も行われ、令和5年度の年金額の改定率は、新規裁定者は2.2％、既裁定者は1.9％となります。

※本文において「新」と「既」と表記しています。

◇健康保険

●出産育児一時金が50万円に増額（令和5年4月1日以降）

　出産育児一時金および家族出産育児一時金が、一児あたり42万円（産科医療補償制度対象外の分べんの場合は40万8,000円）から50万円（産科医療補償制度対象外の分べんの場合は48万8,000円）に引上げられます。

◇雇用保険法

●雇用保険乗率の変更（令和5年4月1日以降）

保険料率 事業の 種類	① 労働者 負担	② 事業主負担	失業等給付・ 育児休業給付 の料率	雇用保険 二事業の 料率	①+② 雇用 保険料率
一般の事業	6/1000	9.5/1000	6/1000	3.5/1000	15.5/1000
農林水産・ 清酒製造の事業	7/1000	10.5/1000	7/1000	3.5/1000	17.5/1000
建設の事業	7/1000	11.5/1000	7/1000	4.5/1000	18.5/1000

●コロナ対応

- 雇止め離職者、雇用情勢の悪い地域の求職者への基本手当の給付日数の拡充措置の延長（令和6年度まで）
- 長期的キャリア形成に資する講座（専門実践教育訓練）を受講する45歳未満の離職者に対する訓練期間中の失業給付相当額の支援（教育訓練支援給付金）の延長（令和6年度まで）

◇育児・介護休業法（令和5年4月1日施行）

●育児・介護休業法改正｜育児休業の取得状況の公表を義務付け

　これまでは、厚生労働大臣によって「プラチナくるみん認定」を受けている企業のみが育児休業の取得状況の公表を義務付けられていましたが、改正後は、常時雇用する従業員の数が1,000人を超える事業主については、毎年1回以上育児休業の取得状況を公表することが義務付けられます（改正育児・介護休業法22条の2）。

◇労働基準法

●中小企業における月60時間を超える時間外労働に対する割増賃金率の引き上げ（令和5年4月1日）

　月60時間を超える時間外労働の割増賃金率について、大企業は、平成22年4月から既に50％となっていましたが、令和5年4月1日以降は、中小企業も月60時間超の時間外労働については、割増賃金率が50％に統一されます。なお、中小企業に該当するかは、以下の表に記載の①または②を満たすかどうかで判断されます。

業種	①資本金の額または出資の総額	②常時使用する労働者
小売業	5,000万円以下	50人以下
サービス業	5,000万円以下	100人以下
卸売業	1億円以下	100人以下
上記以外のその他の業種	3億円以下	300人以下

●デジタルマネーによる賃金の支払いが解禁（令和5年4月1日）

賃金の支払いについては、労働基準法24条で、通貨（現金）で直接労働者に全額を毎月1回以上一定の期日を定めて支払わなければならないと定められています。

令和5年4月1日からは、①現金手渡し②銀行口座・証券総合口座への振り込みに加え、③労働者の同意を得た上で、一定の要件を満たした場合に限って、デジタルマネー（PayPayなど）による給与の支払いが可能となります。

序章　はじめに

第1節　医療保険の種類

　民間労働者、公務員、地域住民が病気をしたり負傷した場合に、医療を受けるための社会保険が医療保険制度になります。職域保険は大きく分けると六制度で、健康保険法が基本となっており、健康保険組合や各種共済組合に加入しない被用者は、すべて全国健康保険協会の被保険者となります。

　地域保険は、国民健康保険法が基本になりますが、都道府県・市町村が実施するものと国民健康保険組合が行うものとがあります。

　なお、介護保険は、六制度の社会保険、国民健康保険または後期高齢者医療制度に加入した上で、介護保険(別途保険料負担がある)の被保険者や加入員となります。

1 職域保険(被用者が加入するもの)

　①全国健康保険協会管掌健康保険
　②組合管掌健康保険
　③船員保険(職務外疾病部門)
　④国家公務員共済組合(医療給付)
　⑤地方公務員等共済組合(医療給付)
　⑥私立学校教職員共済制度(医療給付)

2 地域保険(自営業等の一般住民が加入するもの)

　①都道府県・市町村が実施する国民健康保険(退職者医療を含む)
　②国民健康保険組合が行う国民健康保険
　③介護保険

3 後期高齢者医療制度

　各都道府県後期高齢者医療広域連合

第2節　公的年金制度の種類

　民間労働者、公務員、地域住民の老後保障と、病気やケガにより障害となった場合や、一家の働き手を失った遺族の所得を保障するための社会保険が、公的年金制度になります。原則日本国内に住所がある20歳以上の人は国民年金に強制加入となり、また、70歳未満の会社員や公務員等は厚生年金保険にも加入します。

1 被用者年金(被用者が加入するもの)

　被用者が加入する年金制度として厚生年金保険があります。かつては、公務員や私立学校の教職員は共済年金制度に加入しましたが、平成27年10月の被用者年金の一元化により、会社員だけでなく、公務員や私立学校の教職員も厚生年金保険に加入するようになりました。

2 国民年金(全国民共通のもの)

　　①国民年金第1号被保険者(自営業等の地域住民が加入するもの)
　　②国民年金第2号被保険者(厚生年金保険加入者)
　　③国民年金第3号被保険者(第2号被保険者の被扶養配偶者)
　　④任意加入被保険者
　　⑤特例任意加入被保険者

第3節　失業等給付制度の種類

　会社が突然倒産したり、解雇等で労働者が退職を余儀なくされ、労働者の収入が断たれたときは、所得保障として「失業手当」があります。日本における「失業手当」制度は、1947年（昭和22年）の失業保険法が始まりで、1975年（昭和50年）4月に雇用対策を重視した雇用保険法に引き継がれ、今日に至っています。

　この失業手当は、労働者が働く意志と能力があるにもかかわらず職を失い、仕事に就くことができない場合に、その勤労者世帯員の生活を保障するために支給されるものです。

　失業手当を受けるには、厚生労働省所管の公共職業安定所（ハローワーク）に出向き、「失業」の認定を受けなければなりません。船員の方は国土交通省の地方運輸局船員職業安定窓口に出向くことになります。

　さらに、求職の申込みを行ってから7日間は「待期期間」として失業手当は受けられないことになっています。

　船員に対する失業手当は、陸の労働者にあわせて、1947年（昭和22年）に船員保険法に取り入れられていましたが、平成22年1月からは、雇用保険制度に統合されています。

第4節　災害補償保険の種類

　業務災害に起因する保険事故（負傷、病気、障害、死亡）または通勤災害に起因する保険事故に対する保険給付を取り込んでいる主な制度は、まず民間労働者（船員保険の被保険者を含む）を対象とする労働者災害補償保険があります。また、公務員を対象として国家公務員災害補償制度および地方公務員災害補償制度があります。

各制度では、災害を定義する場合の用語が「公務上」「業務上」「職務上」とそれぞれ異なっていますが、給付の種類と趣旨、給付水準、支給要件、障害等級の基準は同水準に統一されています。

①労働者災害補償保険（民間労働者）
②国家公務員災害補償制度（国家公務員）
③地方公務員災害補償制度（地方公務員）

※本書では労働者災害補償保険のことを単に「労災保険」と表記している箇所があります。

第1章　国民健康保険

第1節　制度の概要（目的）

　保険者（都道府県・市区町村）の地域内に住む自営業者等の保険医療を健全に行うことで、国民保健の向上に寄与することを目的としています。

　かつては市区町村だった国民健康保険の財政運営の主体が、平成30年4月から都道府県になり、市区町村だけでなく、都道府県も保険者になりました。

第2節　被保険者資格の取得・喪失の時期

　国民健康保険は、都道府県・市区町村の区域内に住所を有する人（住民）を対象としています。ただし、被用者保険の加入者およびその被扶養者等は、適用除外となります。

1 適用除外者

①健康保険の被保険者およびその被扶養者
②船員保険の被保険者およびその被扶養者
③各種共済組合法による組合員およびその被扶養者
④日雇特例被保険者およびその被扶養者
⑤後期高齢者医療制度の被保険者
⑥国民健康保険組合の被保険者
⑦生活保護法による保護を受けている世帯に属する人
⑧その他特別の理由がある人で厚生労働省令で定める人
　（短期在留外国人）

② 資格取得の時期

都道府県・市区町村が行う国民健康保険は、その都道府県の区域内に住所を有することになった日、または(1)に該当しなくなった日に被保険者となります。

●入院患者の特例

病院や介護保険施設・老人ホーム等に転入してきた入院患者・入所者については、転入前に住んでいた市区町村に住所があるものとして取り扱います。

③ 資格喪失の時期

都道府県・市区町村が行う国民健康保険は、都道府県の区域内に住所を有しなくなった日の翌日、または１の①～⑤、⑧に該当した日の翌日から被保険者資格を失います。

なお、⑥～⑦に該当したときは、その日に被保険者資格を喪失します。

④ 退職被保険者

健康保険の被保険者が定年等で退職した場合、ほとんどの人は国民健康保険に加入します。そのうち、都道府県・市区町村が行う国民健康保険の被保険者で、次の退職・老齢年金給付を受けられる場合は、退職被保険者となり、退職者医療制度の適用を受けます。

①老齢厚生年金(旧制度含む)

②退職共済年金(旧制度含む)

③恩給

ただし、年金保険の加入期間が20年未満の場合は、40歳以降の加入期間が通算して10年以上ある人に限ります。なお、20年未満で老齢相当(20年みなし)の老齢厚生年金を

受けているときは20年以上として取り扱われます。

※退職者医療制度は平成20年4月より廃止されましたが、平成26年度までの65歳未満の退職者が対象となり、65歳に達するまでの間、制度を存続させる経過措置が設けられていました。

第3節　保険料

1 国民健康保険料（税）

　国民健康保険料（税）は、医療給付費分、後期高齢者支援分、介護納付金（40歳以上65歳未満の被保険者が該当）分との合計からなり、都道府県内の市区町村の実情に応じて決められています。一般に、加入世帯単位に所得割、資産割、被保険者均等割、世帯別平等割を組み合わせた合計額が賦課され、保険料（税）は世帯主が負担します。また、一定の所得以下の世帯は、世帯別平等割と被保険者均等割額が減額されます。また、企業の倒産や解雇等で失業した人で、雇用保険の「特定受給資格者」・「特定理由離職者」である人は、国民健康保険料（税）が軽減される場合があります。

　なお、退職被保険者については、一般の被保険者同様に算定した保険料が賦課されます。

2 国民健康保険組合の保険料

　国民健康保険組合の保険料額の算定は、組合ごとに次のいずれかの方法がとられています。なお、それぞれの組合によって①～③のいずれか、または①～③の組み合わせによる場合があります。

　①定額保険料……被保険者1人あたりの定額保険料を毎月納付します。なお、組合員の年齢や世帯員数に応じて保険料額が変動する組合もあります。

②**所得割保険料**……市区町村の国民健康保険のように、前々年または前年の所得額に応じて保険料額が算定されます。なお、世帯員数に応じて保険料額が変動する組合もあります。

③**標準報酬制による保険料**……サラリーマンが加入する健康保険のように標準報酬制(等級区分は組合によって健康保険とは異なる)による標準報酬月額に保険料を賦課する組合もあります。

第4節　保険給付の内容

①療養の給付
②入院時食事療養費
③入院時生活療養費
④保険外併用療養費
⑤訪問看護療養費
⑥移送費
⑦療養費
⑧高額療養費
⑨高額介護合算療養費
⑩特別療養費……特別療養費は、被保険者資格証明書[2]を保険医療機関の窓口に提示して療養を受けたときに支給されます。

※1　①～⑨の給付は、健康保険とまったく同じ内容になっています。ただし国民健康保険の場合は、事業主等で労災保険に特別加入できない人などが、業務上の災害や通勤災害で負傷した場合で、労災保険から給付を受けることができないときは、国民健康保険から給付されます。

※2　被保険者資格証明書：被保険者間の負担の公平化を図る観点から、世帯主が災害等の特別な事情がないにもかかわらず、1年

以上保険料(税)を滞納している場合に、保険者(市区町村等)は、被保険者証を返還させ、被保険者資格証明書を交付します。

この被保険者資格証明書では、保険医療機関で「現物給付」を受けられません。保険医療機関の窓口で、いったん医療費を支払ったうえで保険者に特別療養費を請求することになります。

第5節　その他の給付

①出産育児一時金……市区町村が独自に条例を制定した場合、出産育児一時金の支給を行うことができます。

②葬祭費(葬祭の給付)……市区町村が独自に条例を制定した場合は、葬祭費の支給を行うことができます。

③傷病手当金……国民健康保険組合では、傷病手当金の支給や療養の給付費の法定部分を超える支給を行っているところもあります。また、市町村の条例や国保組合の規約により、新型コロナウイルス感染症によって労務に服することができない被用者に、傷病手当金の支給がされることがあります。

第6節　医療費の自己負担割合

医療費の自己負担割合は、年齢等により次のとおりとなります(本人・家族とも同じ)。

①義務教育就学前(6歳に達する日以後の最初の3月31日以前)……2割

②義務教育就学から70歳未満……3割

③70歳以上75歳未満……2割または3割

平成25年度(26年3月)まで、自己負担割合は特例的に1割に据え置かれていました。平成26年4月1日に70歳になる人(平成26年4月2日が70歳の誕生日の人)から、順次2割に引

き上げられ、平成26年3月31日までに70歳になった人（平成26年4月1日以前が70歳の誕生日の人）は、75歳になるまで1割のまま据え置かれましたが、令和元年度以降は70歳以上75歳未満の人全体が2割負担となりました。

　なお、現役並み所得者は3割負担となります。現役並み所得とは、標準報酬月額が28万円以上の人（夫婦2人以上の世帯は年収520万円未満、単身者世帯は年収383万円未満の人）です。

第2章　健康保険

第1節　制度の概要

1 制度の目的

　労働者または被扶養者の労災保険(第6章)から給付がある業務災害以外※の疾病、負傷もしくは死亡または出産について保険給付を行い、これをもって国民の生活の安定と福祉の向上に寄与することを目的としています。

> ※平成25年10月1日より、健康保険の給付範囲が改正されています。
> (「業務外の場合」→「労災保険から給付がある業務災害以外の場合」)
> 「業務」とは、健康保険法では従来から「職業その他社会生活上の地位に基づいて継続して行う事務または事業の総称」と解釈されているため、請負業務・インターンシップ・シルバー人材センターの会員が業務を行っているときに負傷した場合などは、健康保険からも労災保険からも保険給付が受けられないケースが生じていました。このようなケースを解消するため、「労災保険の給付が受けられない場合には、健康保険の対象とすること」とされました。ただし、労働者または被扶養者が法人の役員である場合は、その法人の役員の業務に起因する疾病、負傷もしくは死亡に対しては、次の場合を除き、これまでと同様に健康保険から保険給付を行うことはできません。[被保険者が5人未満である適用事業所に所属する法人の役員であって、一般の従業員が従事する業務と同一である業務に従事している場合]

2 健康保険の基本理念

　健康保険は、これが医療保険制度の基本をなすものであることから、高齢化の進展、疾病構造の変化、社会経済情勢の変化等に対応し、その他の医療保険制度および後期高齢者医療制度並びにこれらに密接に関連する制度と併せ

て、そのあり方に関して常に検討が加えられ、その結果に基づき、医療保険の運営の効率化、給付の内容および費用の負担の適正化、並びに国民が受ける医療の質の向上を総合的に図りつつ、実施しなければならないと定められています。

3 健康保険の構成

健康保険の対象となるのは、被保険者または被保険者であった人（被扶養者含む）です。この運営費用は主として事業主および被保険者が負担し、全国健康保険協会（以下「協会けんぽ」という）および各健康保険組合が保険者として事業を運営しています。

第2節　被保険者の資格取得

1 被保険者の資格取得

健康保険の適用事業所に使用される人は(2)の適用除外とならなければ、被保険者になります。併せて、70歳未満の人は厚生年金保険の被保険者にもなります。

(1)適用事業所

常時5人以上の従業員を使用する次の業態の事業所、および常時従業員を使用する国、地方公共団体、または法人の事業所は、健康保険の強制適用事業所になります。

①物の製造、加工、選別、包装、修理または解体の事業
②土木、建築その他の工作物の建設、改造、保存、修理、変更、破壊、解体等の事業
③鉱物の採掘または採取の事業
④電気または動力の発生、伝導または供給の事業

⑤貨物または旅客の運送の事業

⑥貨物積卸しの事業

⑦焼却、清掃またはとさつの事業

⑧物の販売または配給の事業

⑨金融または保険の事業

⑩物の保管または賃貸の事業

⑪媒介周旋の事業

⑫集金、案内または広告の事業

⑬教育、研究または調査の事業

⑭疾病の治療、助産その他医療の事業

⑮通信または報道の事業

⑯社会福祉法に定める社会福祉事業および更生保護事業法に定める更生福祉事業

⑰弁護士、公認会計士その他政令で定める者が法令の規定に基づき行うこととされている法律又は会計に係る業務を行う事業（令和4年10月より）

前記以外の事業所は、厚生労働大臣の認可を受けて任意適用事業所になることができます。なお、任意適用事業所になるには、全従業員の半数以上の人の同意が必要です。認可を受けた後は同意した人だけではなく全従業員が被保険者となります。また、いったん任意適用事業所になると、全従業員（被保険者）の4分の3以上の同意がなければ脱退できないことになっています。

⑵適用除外

次の各項目に該当する人は、健康保険の被保険者となることができません。

①船員保険の被保険者

②臨時に使用される人

　ア　日々雇い入れられる人（1ヵ月を超えて引き続き使用

されるに至った場合を除く）

イ　2ヵ月以内の期間を定めて使用される人（2ヵ月を超えて引き続き使用されるに至った場合を除く）

③所在地が一定しない事業所に使用される人

④季節的業務に使用される人（継続して4ヵ月を超えて使用されるべき場合を除く）

⑤臨時的事業の事業所に使用される人（継続して6ヵ月を超えて使用されるべき場合を除く）

⑥国民健康保険組合の事業所に使用される人

⑦健康保険の保険者または共済組合の適用除外承認を受けて国民健康保険の被保険者となっている人

⑧後期高齢者医療の被保険者等

⑨事業所に使用される者であって、その1週間の所定労働時間が、同一の事業所に使用される通常の労働者の1週間の所定労働時間の4分の3未満である短時間労働者、又はその1月間の所定労働日数が同一の事業所に使用される通常の労働者の1月間の所定労働日数の4分の3未満である短時間労働者に該当し、かつ、アからオまでのいずれかの要件に該当するもの。

ア　1週間の所定労働時間が20時間未満の場合

イ　当該事業所に継続して2ヵ月を超えて使用されることが見込まれない場合

ウ　賃金の月額が88,000円未満の場合

エ　大学生等の学生である場合

オ　勤務先が特定適用事業所（従業員数が101人以上）でない場合

※言い換えますと、アからオのいずれの要件にも不該当であれば適用となります。通常の労働者の4分の3以上の時間や日数勤務する労働者だけでなく、週20時間以上勤務の一定の労働者も健

康保険の対象になります。なお、オの101人以上という従業員数は令和6年10月より51人以上となります。

※令和4年10月より、国・地方自治体に勤務する短時間労働者は健康保険ではなく、共済組合の短期給付（組合員及び被扶養者の病気、負傷、出産、死亡、休業、災害等に対して行う給付）の対象となる共済組合の組合員になっています。

(3)被保険者の資格取得日

適用事業所に使用される人は、次のとおり、使用関係ができた日から被保険者になります。

①適用事業所に使用されるようになった日
②使用されている事業所が適用事業所となった日
③被保険者から適用除外される事由に該当しなくなった日
④任意適用事業所として認可された日

2 任意継続被保険者

健康保険の被保険者が、会社などを退職して被保険者の資格を喪失したときは、一定の条件に該当すれば、退職の日から引き続いて被保険者となることができます。これを「任意継続被保険者」といいます。

●任意継続被保険者となる条件

①被保険者でなくなった日までに、継続して2ヵ月（暦日）以上の被保険者期間があること。
②被保険者でなくなった日から20日以内に被保険者となるための届出をすること。
③任意継続被保険者の被保険者期間は、任意継続被保険者となった日から、原則2年間。

正当な理由（天災地変、交通・通信関係のストライキ等）により遅延したものと保険者が認めた場合以外で、初めて納めるべき保険料を納付期限までに納付しなかったときは、初めから被保険者でなかったものとして取り扱われます。ま

た、令和4年1月1日より、任意継続被保険者の喪失を申し出た場合、その申し出が受理された日の属する翌月1日に資格喪失となります。

第3節　被保険者資格の喪失

1 強制加入の被保険者の資格喪失日

　被保険者が適用事業所に使用されなくなったとき、または死亡したときは、その事実のあった日の翌日に被保険者の資格を喪失します。

　健康保険被保険者の資格喪失原因は、大きく分けると退職したときと死亡したときがありますが、原因別の被保険者資格喪失日は次のようになります。

　①退職、解雇、死亡の場合はその翌日
　②転勤、出向、派遣等の場合はその日
　③他制度(または他の事業所)の被保険者または組合員となった場合はその日
　④被保険者から適用除外される事由に該当した場合はその翌日
　⑤任意適用事業所から脱退した場合はその翌日
　⑥後期高齢者医療制度の被保険者になったときはその日

2 任意継続被保険者の資格喪失日

　任意継続被保険者が、次のいずれかに該当するときは、その事実があった日の翌日(③④⑤⑥に該当したときはその日)に、その資格を失います。

　①被保険者資格を取得してから2年を経過したとき
　②保険料(初めて納付すべき保険料を除く)を指定期限までに

納付しなかったとき

③健康保険の被保険者となったとき

④船員保険の被保険者となったとき

⑤各種共済組合の組合員となったとき

⑥後期高齢者医療制度の被保険者になったとき

⑦死亡したとき

⑧任意継続被保険者でなくなることを希望する旨を、厚生労働省令で定めるところにより、保険者に申し出た場合において、その申出が受理された日の属する月の末日が到来したとき

第4節　被扶養者

被扶養者に認定された人は、被保険者証（協会けんぽや一部の健康保険組合では、被扶養者を含めて1人1枚のカード化された被保険者証が交付されています）が交付されます。この認定を受けることによって、被扶養者が被保険者証を保険医療機関等の窓口に提出し、保険で診療を受けることができます。

保険診療はこの認定を受けた後でなければ受けることができませんが、届出が遅れたために自費で治療を受けた場合、認定が遡及して行われたときは、後日家族療養費として請求することができます。

なお、75歳以上の人は後期高齢者医療制度の被保険者となりますので、被扶養者の対象にはなりません。

1 被扶養者の範囲

被保険者によって生計を維持していて、日本国内に居住している（日本に住所を有していなくても、日本に生活の基礎があると認められる一定の人も含まれます）、次の人をいいます。①

〜⑤は同一世帯にある人だけでなく、同一世帯にない人も対象です。

①直系尊属……被保険者の父母と同系列以上の直系血族（法定血族を含む）をいいます。父母とは実父母および養父母をいいます。いわゆる継父母は養子縁組をしない限り父母とはなりませんが、3親等内の親族として被扶養者の範囲には含まれます。

②配偶者（内縁関係にある人を含む）……妻または夫をいいます。内縁関係にある配偶者とは、民法上の婚姻成立の実質的要件に違反することなく、婚姻の意思のもとに事実上夫婦関係にある人で、単に戸籍上の届出をしていない人をいうのであって、届出さえすれば当然法律上の婚姻が成立し、夫または妻の地位を得られる人をいいます。

③子……実子、養子をいいます。いわゆる継子は養子縁組をしない限り子とはなりませんが、3親等内の親族として被扶養者の範囲には含まれます。

④孫……実子の実子、実子の養子、養子の実子、養子の養子をいいます。

⑤兄弟姉妹……父または母を同じくする人をいいます。したがって、父を異にする兄弟姉妹または母を異にする兄弟姉妹も含まれます。

⑥3親等内の親族であって同一世帯に属する人

　ア　3親等内の親族の範囲……【図1】のとおり、3親等内の血族、姻族を指しますが、この表は通常の場合を示したものです。

　イ　同一世帯に属している人……被保険者と住居および家計を同じくする人をいいますが、営業活動の特殊性のため、被扶養者と本来同居する間柄にありな

がら、ほとんど同居できない人や、業務のため単身赴任の人(休暇時または正月等は当然同居している人)については、その営業活動期間または単身赴任期間に限り、実際に同居していなくても同一世帯にあるものとみなすことになっています。

⑦内縁関係にある配偶者の父母および子であって、同一世帯に属する人

⑧内縁関係にある配偶者が死亡後、その父母および子であって、引き続き同一世帯に属している人

【図1】健康保険被扶養者の範囲

※○の数字は親等

■の人は生計維持の関係が条件　□の人は生計維持関係と同一世帯が条件

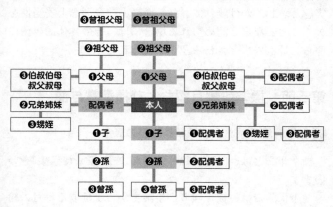

2 生計維持の基準について

(1)認定対象者が被保険者と同一世帯に属している場合

認定対象者の年間収入が130万円未満(認定対象者が60歳以上、またはおおむね障害厚生年金を受けられる程度の障害者の場合は180万円未満)であって、かつ、被保険者の年間収入の2分の1

未満である場合は被扶養者となります。なお、上記に該当しない場合であっても、認定対象者の年間収入が130万円未満（認定対象者が60歳以上、またはおおむね障害厚生年金を受けられる程度の障害者の場合は180万円未満）であって、かつ、被保険者の年間収入を上回らない場合、その世帯の生計の状況を果たしていると認められるときは、被扶養者となります。

(2)認定対象者が被保険者と同一世帯に属していない場合

　認定対象者の年間収入が130万円未満（認定対象者が60歳以上、またはおおむね障害厚生年金を受けられる程度の障害者の場合は180万円未満）であって、かつ、被保険者からの援助による収入額より少ない場合には、被扶養者となります。

　ただし、前記の基準により被扶養者の認定を行うことが実態と著しくかけ離れており、かつ、社会通念上妥当性を欠くこととなると認められる場合には、その具体的事情に照らし最も妥当とされる認定が行われます。

第5節　標準報酬月額および標準賞与額

1 標準報酬月額および標準賞与額の算定

　標準報酬とは、「標準報酬月額」および「標準賞与額」をいいます。

　健康保険では、被保険者が事業主から受け取る毎月の給料などの報酬の月額を、区切りのよい幅で区分した標準報酬月額と、3月を超える期間毎に受ける賞与（年3回以下支給の賞与）から標準賞与額を設定し、保険料の額や保険給付の額を計算します。

(1)報酬

　報酬とは、適用事業所に使用される人が労務の対償とし

て受ける賃金、給料、俸給、手当または賞与およびこれに
準じるものをいいます。

　なお、現物による賃金、諸手当もこれに含まれます。た
だし、臨時に受けるもの、および3ヵ月を超える期間ごと
に受けるものは除かれます。

(2)報酬に含まれないもの

　次に掲げるものは、健康保険では報酬に含まれないこと
になっています。

　①恩恵的なもの……事業主から支給される福利厚生に関
　　するもの、たとえば、社員旅行の費用、結婚祝、見舞
　　金、香典等です。

　②労務の対償とならないもの……労務の対償とならない
　　もの、たとえば餞別、社内運動会での賞品などです。
　　ただし、家族手当は労務の直接の対償ではありません
　　が、事業主に使用され労務を提供することを前提に支
　　給される「労務の提供に伴う手当」であり、報酬に含ま
　　れます。

　③実費弁償的なもの……出張旅費および転勤に伴う赴任
　　旅費等です。ただし、通勤手当は実費弁償的なもので
　　すが、家族手当同様に事業主に使用され、労務の提供
　　を前提に支払う手当であり報酬に含まれます。

　④臨時に受けるもの……臨時的、突発的事由により支払
　　われるもので、時間外に自宅から緊急出社を命ぜられ
　　た場合の手当等、稀にしか発生しないような事態に対
　　応した場合の手当等です。

　⑤3ヵ月を超えるごとに支給されるもの……年間支給回
　　数が3回以下の賞与・手当等は、報酬に含まれませんが、
　　通勤手当を半年に一度前渡しで支給している場合や、
　　契約の成立に基づく歩合給のように毎月に支払われる

べきものを便宜的に一括支払(清算)している手当等で、事業主から経常的かつ実質的に受けるものは報酬の範囲に含まれます。具体的には、給与規程、労働協約等にその手当の性格が客観的に定められているか、また、その支払いが1年以上にわたり行われている実績があるか否か等によって、総合的に判断されます。

(3)標準報酬月額

事務的便宜と健康保険事業運営の円滑迅速を期するため、主に行政の技術的要請から設けられた仮定的な報酬であり、各被保険者ごとに報酬月額を算定した後に最低58千円から最高1,390千円の50等級に分類された、標準報酬月額が定められています。

標準報酬月額は、保険料算定の基礎や傷病手当金、出産手当金等の保険給付額を算定するときの基礎となるもので、報酬の増減にあわせて随時改定され、健康保険財政の収支のもとになる重要な意義があります。

(4)定時決定

被保険者が事業主から受ける報酬は、昇給、残業の増減により変動します。そこで、変動後の報酬に対応した標準報酬月額とするため、毎年7月1日現在の被保険者について、4月、5月、6月に支払った報酬(原則として支払基礎日数がいずれの月も17日以上、特定適用事業所の短時間労働者の場合はいずれの月も11日以上)を「被保険者報酬月額算定基礎届」に記載して、管轄する年金事務所等に届出することによって新しい標準報酬月額を決定します。これを「定時決定」といいます。

なお、この新しい標準報酬月額は、その年の9月1日から翌年の8月31日までの間に適用されます。ただし、次のいずれかに該当する人は、定時決定は行われません。

- その年の6月1日以降に被保険者になった人
- 7月から9月までのいずれかの月に、随時改定または育児休業等・産前産後休業を終了した際の改定が行われる人

※令和4年8月から令和4年12月までの間に新たに休業により著しく報酬が下がった人の特例（急減月の翌月を改定月として標準報酬月額を改定）
次のアからウのすべてに該当する人が対象となります。

　ア　新型コロナウイルス感染症の影響による休業があったことにより、令和4年8月から令和4年12月までの間に、著しく報酬が下がった月が生じた人

　イ　著しく報酬が下がった月に支払われた報酬の総額（1ヵ月分）が、すでに設定されている標準報酬月額に比べて2等級以上下がった人（固定的賃金の変動がない場合も対象となります）

　ウ　本特例措置による改定内容に本人が書面により同意している

※特例の届出期間は令和5年2月28日をもって終了しました。

(5)資格取得時の標準報酬月額の決定

　資格取得時の標準報酬月額は、資格取得時の給与等に基づき、次の①②③により算定された報酬により決定します。

①月、週など一定の期間をもって報酬が定められている被保険者

$$\frac{資格を取得した日現在の報酬額}{給与支払期間（総日数※1）} \times 30 = 報酬月額$$

※1　月単位の場合は総日数を30日とします。
※2　月単位および週単位等が混在する給与体系にある被保険者については、上記により計算した額を合計した総額になります。

②日、時間、出来高、請負給の被保険者……被保険者資格を取得した月前1ヵ月間に、当該事業所で同様の業務に従事していた人の受けた報酬の額を平均した額になります。

③①～②の方法により算定しがたい被保険者……被保険

者資格を取得した月前1ヵ月間に、その地方で同様の
業務に従事していた人の受けた報酬の額を平均した額
になります。

④①〜③の複数に該当する報酬を受ける場合……各々の
報酬について①から③によって算定した額の合算額。

決定された標準報酬月額は、被保険者の資格取得月が1
月1日から5月31日までの場合は、資格を取得した月から
その年の8月までの各月に、被保険者の資格取得月が6月
1日から12月31日までの場合は、資格を取得した月から
翌年の8月までの各月に、それぞれ適用されます。

(6)標準賞与額

支給回数が年3回以下の賞与・手当等は、標準報酬月額
の算定の対象には含まれませんが、年度(4月1日〜翌年3月
31日)累計573万円が標準賞与額の上限として(千円未満切り
捨て)保険料賦課の対象となります。したがって573万円を
超える分の保険料は0となります。

なお、年4回以上支給される賞与等は標準報酬月額の算
定の対象となります。

(7)任意継続被保険者の標準報酬月額

退職前の標準報酬月額と、所属している保険者(協会けん
ぽ・健康保険組合)の標準報酬月額の平均額(協会けんぽの場合、
令和5年度は30万円)とのいずれか低い方となっています。

(8)現物給与の価額

報酬または賞与の全部または一部が、通貨以外のもので
支払われる場合においては、その価額は、その地方の時価
によって、厚生労働大臣が定めることになっています。

健康保険組合は、前項の規定にかかわらず、規約で別段
の定めをすることができます。

② 標準報酬月額の改定

　標準報酬月額の改定には、次の方法があります。

(1)随時改定

　被保険者の標準報酬月額は、原則として次の定時決定が行われるまでは変更しませんが、報酬月額が著しく変動すると、被保険者が実際に受け取っている報酬月額と標準報酬月額がかけ離れてしてしまうことがあります。このため、被保険者が実際に受け取っている報酬月額に著しい変動が生じ、保険者が必要と認めた場合には、標準報酬月額の改定を行うことができます。これを「随時改定」といいます。

　なお、随時改定によって定められた標準報酬月額は、次回の定時決定までの標準報酬月額となります。

　具体的には、固定的賃金の変動月から連続した3ヵ月の平均額を従来の標準報酬月額と比べて2等級以上の差があるときに「被保険者報酬月額変更届」を保険者に提出し、等級を改定します。したがって、変動月より4ヵ月目から改定となります。

　※平成30年10月より、これまでの随時改定と同様に3ヵ月間の報酬の平均から算出した標準報酬月額（①）と従前の標準報酬月額に2等級以上の差があった場合において、①と、昇給月又は降給月以後の継続した3ヵ月の間に受けた固定的賃金の月平均額に昇給月又は降給月前の継続した9ヵ月及び昇給月又は降給月以後の継続した3ヵ月の間に受けた非固定的賃金の月平均額を加えた額から算出した標準報酬月額（②）との間に2等級以上の差があり、当該差が業務の性質上例年発生することが見込まれる場合、年間の報酬の月平均額で保険者算定を行うことができるようになりました。

　※令和4年10月1日以降に開始した育児休業等については、育児休業等開始日が含まれる月に14日以上育児休業等を取得した場合にも免除となります。また、当該賞与月の末日を含んだ連続した1ヵ月を超える育児休業等を取得した場合に限り、免除の対象となります。

(2)育児休業等・産前産後休業を終了した際の標準報酬月額の改定

　育児休業等を終了した被保険者の子が3歳に満たない場合に、被保険者が事業主を経由して保険者に申し出をしたとき、育児休業等を終了した日の翌日が属する月以後の3ヵ月間に受けた報酬の平均額を基準として、標準報酬月額が改定されます。

　平成26年4月からは、産前産後休業※終了後に被保険者の報酬が低下した場合も、被保険者が事業主を経由して保険者に申し出をしたときは、産前産後休業を終了した日の翌日が属する月以後の3ヵ月間に受けた報酬の平均を基準として、標準報酬月額の改定が行われます。

　※産前産後休業とは、出産日以前42日目(多胎妊娠の場合は98日目)から、出産日の翌日以降56日目までの間で、被保険者が会社を休んだ場合をいいます。

第6節　保険料

1 費用の負担

　健康保険の事業を行うために必要な経費は、保険料(事業主および被保険者負担)と国庫の負担によって賄われています。保険者は健康保険事業に要する費用(高齢者医療制度拠出金および介護納付金を含む)に充てるため、保険料を徴収することになっています。

2 保険料の納付

　保険料は、事業主と被保険者が折半で負担し、翌月末(金融機関が休日の場合はその翌日)までに事業主が保険者に納付しなければなりません。

任意継続被保険者は、事業主分と被保険者分の保険料を負担し、原則、当月10日までに、被保険者自身で保険者に納付しなければなりません。

(1)保険料率

　健康保険の保険給付に必要な費用の予想額等を勘案して、保険料率が決められています。

●協会けんぽの保険料率

　協会けんぽの保険料率は、平成21年9月から都道府県単位で定められています。都道府県単位保険料率は、支部被保険者を単位として、各支部の医療給付を賄うために必要となる保険料率に、年齢調整と所得調整を行い、後期高齢者支援金等全国一律に賦課される保険料率(特定保険料率)と支部の保険事業等に要する保険料率(基本保険料率)等を加えて算定されます。

【表2】都道府県単位保険料率(%)　　　(令和5年3月分〜)

北海道	10.29%	石川県	9.66%	岡山県	10.07%
青森県	9.79%	福井県	9.91%	広島県	9.92%
岩手県	9.77%	山梨県	9.67%	山口県	9.96%
宮城県	10.05%	長野県	9.49%	徳島県	10.25%
秋田県	9.86%	岐阜県	9.80%	香川県	10.23%
山形県	9.98%	静岡県	9.75%	愛媛県	10.01%
福島県	9.53%	愛知県	10.01%	高知県	10.10%
茨城県	9.73%	三重県	9.81%	福岡県	10.36%
栃木県	9.96%	滋賀県	9.73%	佐賀県	10.51%
群馬県	9.76%	京都府	10.09%	長崎県	10.21%
埼玉県	9.82%	大阪府	10.29%	熊本県	10.32%
千葉県	9.87%	兵庫県	10.17%	大分県	10.20%
東京都	10.00%	奈良県	10.14%	宮崎県	9.76%
神奈川県	10.02%	和歌山県	9.94%	鹿児島県	10.26%
新潟県	9.33%	鳥取県	9.82%	沖縄県	9.89%
富山県	9.57%	島根県	10.26%		

※任意継続被保険者については、令和5年4月分から適用されます。なお、40歳以上65歳未満の被保険者には、介護保険料率

1.82%が上乗せされます。

　※都道府県単位保険料率のうち、前期高齢者納付金、後期高齢者支援金等の費用に充てられる特定保険料率は3.57%（全国一律）、都道府県単位保険料率から特定保険料率を控除したものが加入者のための給付等に充てられる基本保険料率となります。

● 組合管掌健康保険の保険料率

　1000分の30 〜 1000分の130

　各組合の保険料率は、上記の範囲内で組合の実情に応じて決めることができます。また、事業主と被保険者の負担割合も組合の実情に応じて決めることができます。

(2)賞与等に対する保険料

　平成15年4月から健康保険・厚生年金保険の保険料額の計算に、年収を基準とする「総報酬制」が導入されました。

　そのため、賞与等が支給された場合は、賞与等を基に、年度累計573万円を限度に保険料率を乗じた保険料が賦課されます。

(3)育児休業期間中・産前産後休業期間中の保険料免除

　1歳に満たない子を養育するための育児休業のほか、1歳から1歳6ヵ月までの子を養育するための育児休業、および1歳から3歳に達するまでの子を養育するための育児休業の制度に準ずる措置による休業期間は、事業主経由で保険者に申し出をすると、その育児休業を取得している被保険者負担分、および事業主負担分の保険料が免除されます。

　保険料免除の対象となる期間は、育児休業等を開始した日の属する月からその育児休業等が終了する日の翌日の属する月の前月までとなります。

　令和4年10月1日以降に開始した育児休業等については、育児休業等開始日が含まれる月に14日以上育児休業等を取得した場合にも免除となります。また、当該賞与月の末日を含んだ連続した1カ月を超える育児休業等を取得した

場合に限り、免除の対象となります。

平成26年4月からは、産前産後休業期間中も、事業主経由で保険者に申し出れば、産前産後休業中の被保険者負担分および事業主負担分の保険料が免除されることになりました。保険料免除の対象となる期間は、出産日以前42日目（多胎妊娠の場合は98日目）から出産日の翌日以後56日目までの間で、被保険者が会社を休んだ期間です。

(4)保険料額の算定

毎月、事業主が使用するすべての被保険者について、各月の標準報酬月額および標準賞与額（年度累計573万円限度）に保険料率を乗じて得た額を合算します。

①標準報酬月額に係る保険料賦課対象月……保険料の対象となる月は、被保険者の資格を取得した月から被保険者の資格を喪失した月の前月までで、各月の標準報酬月額に対して賦課されます。ただし、被保険者資格を取得した月に被保険者資格を喪失した場合は、1ヵ月分の保険料が賦課されます。

②任意継続被保険者の保険料の賦課方法……被保険者資格を取得した月から強制加入の被保険者と同様の方法で算定されます。

③標準賞与額に係る保険料賦課対象……標準賞与額に対する保険料賦課は、支払いのつど行われ、事業主と被保険者がそれぞれ、保険料率を乗じて算出した保険料を負担することになります。なお、支払い日が被保険者資格喪失月で一般保険料が賦課されない月は、標準賞与に対しても保険料は賦課されません。ただし、被保険者資格を取得した同月に喪失した場合で、かつ、在職中に支払われた賞与については保険料が賦課されます。

(5)保険料の源泉控除

①事業主は、被保険者に支払う報酬から、前月分の被保険者負担分の保険料を控除することができます。月の最終日に退職した場合と、同一月内に資格の取得と喪失があった場合、当月分の保険料が賦課されるときは、その分を合わせて控除します。

②端数処理……事業主および被保険者の負担する保険料に1円未満の端数が生じたときは、次のとおり処理します。ただし、国が納付義務者である場合を除きます。

ア　報酬から保険料を控除する場合に、被保険者が負担すべき保険料に1円未満の端数が生じた場合は、50銭を超えるときは1円に切り上げ、50銭以下の端数は切り捨てることになります。

イ　報酬を支払ったのち保険料を取り立てる場合、被保険者が負担すべき保険料に1円未満の端数が生じたときは、50銭以上1円未満の端数は1円に切り上げ、50銭未満の端数は切り捨てることになります。したがって、端数が丁度50銭のときは、アの給料から源泉徴収する場合と異なります。

ウ　事業主と被保険者との間で特約を結べば、その特約によります。

(6)保険料の納付期限

①毎月の保険料納付期限は、翌月の末日です。末日が土曜・日曜または国民の休日等で金融機関の窓口が閉じているときは、その翌日、その翌日も休日等であるときは、翌々日となります。

②任意継続被保険者の保険料納付期限は、当月の10日です。その日までに保険料を納められない場合は、納付期日の翌日で被保険者資格を喪失します。また、最

初の保険料を納期限までに納付しなかった場合は、被保険者資格を取得しなかったものとみなされます。ただし、正当な理由があると保険者が認めた場合は、資格の取り消しは行われません。

⑺保険料の納付義務者

保険料は、事業主に納付義務が課せられており、毎月被保険者分と事業主分を一括して納入します。保険料を納期限までに納付しない場合は、督促状が送付されます。督促状の指定した期限（納期限から約3週間後）までに納付しない場合には、保険料額につき年14.6%※の割合で納期限の翌日から、納付の前日までの日数によって計算された延滞金を支払わなければなりません。

※延滞金の割合の特例により、令和5年は、納期限の翌日から3ヵ月については2.4%、3ヵ月経過後は8.7%となります。

⑻保険料を超過納入した場合

納付した保険料が、納付すべき保険料額を超過した場合、超過した部分の保険料は、事業主が納付する向こう6ヵ月間の保険料に順次充当され、充当してもなお超過する部分については還付されます。

第7節　保険給付の内容

健康保険では、被保険者および被扶養者の労災保険（第6章）から給付がある業務災害以外の負傷や疾病（以下「傷病」という）について、次の保険給付が行われます。

ただし、令和4年10月より国・地方自治体に勤務する短時間労働者は共済組合員となり、共済組合の短期給付（組合員及び被扶養者の病気、負傷、出産、死亡、休業、災害等に対して行う給付）が行われることになります。

1 療養の給付

被保険者および被扶養者の疾病または負傷(以下「傷病」という)に対する保険医療機関等で受ける次の医療(治療等)そのものの給付をいいます。

(1)療養の給付の種類

①診察、②薬剤または治療材料の支給、③処置、手術その他の治療、④居宅における療養上の管理およびその療養に伴う世話、その他の看護、⑤病院または診療所への入院およびその療養に伴う世話、その他の看護

(2)給付期間および給付額

①**被保険者の場合**……傷病が治癒するまで療養の給付が受けられます。なお、給付額は療養に要した費用から一部負担金を控除した額になります。

②**被扶養者の場合**……被保険者の資格期間中は、治癒するまでの期間、療養の給付(家族療養費)が受けられます。給付額は被保険者と同様です。

(3)一部負担金

保険医療機関において、被保険者および被扶養者が療養の給付を受ける場合は、受診の際、療養に要した額に応じて次の定率の一部負担金を支払わなければなりません。

①義務教育就学前(6歳に達する日以後の最初の3月31日まで)
……2割

②義務教育就学から70歳未満……3割

③70歳以上75歳未満　　一般……2割※1

　　　　　　　　　　　現役並み所得者※2……3割

※1　平成25年度(26年3月)まで、負担割合は特例的に1割に据え置かれていましたが、平成26年4月1日に70歳になる人(26年4月2日が70歳の誕生日の人＝誕生日が昭和19年4月2日以

降の人）から、2割に引き上げられています。

平成26年3月31日までに70歳になった人（26年4月1日以前が70歳の誕生日の人）は、75歳になるまで1割のまま据え置かれましたが、これらの人は平成30年度までに75歳になったため、令和元年度以降は、70歳以上75歳未満の人全体が2割負担となりました。

※2　現役並み所得者とは、標準報酬月額28万円以上の人。ただし、70歳になった月の翌月以降の月において収入が520万円未満（70歳以上の被扶養者がいない人は383万円未満）のときは申請により一般と同じ負担割合になります。

※3　75歳到達日（75歳の誕生日）から、後期高齢者医療制度の被保険者となります。

(4)健康保険高齢受給者証および限度額適用・標準負担額減額認定証等の交付

高齢受給者（70歳以上）の一部負担の割合が所得によって異なることや、低所得者の入院時食事療養費に係る標準負担額の軽減措置がとられていることから、保険者から負担率や自己負担限度額等に関する証明書が該当者に交付されます。この証明書の交付を受けた人が医療を受ける際には、この証明書を健康保険証と一緒に保険医療機関等の窓口に提出する必要があります。

【表3】証明書の種類

区分		高齢受給者証		限度額適用・標準負担額減額認定証	
		「1割」明記	「3割」明記	「Ⅰ」明記	「Ⅱ」明記
現役並み所得者			○		
一般	低所得者以外	○			
	低所得者Ⅱ	○			○
	低所得者Ⅰ	○			

※低所得者Ⅱ：被保険者が市町村民税の非課税者等である場合
※低所得者Ⅰ：被保険者とその扶養家族全ての人の収入から必要経費・控除額を除いた後の所得がない場合

❷ 入院時食事療養費

　被保険者が病気やケガで保険医療機関に入院したとき
は、療養の給付と併せて食事の給付が受けられます。

　入院期間中の食事の費用は、入院患者が支払う標準負担
額と、現物給付として健康保険から支給される入院時食事
療養費とで賄われます。入院時食事療養費の額は、厚生労
働大臣が定める基準にしたがって算出した額から平均的な
家計における食費を勘案して厚生労働大臣が定める標準負
担額を控除した額となっています。入院時食事療養費は、
保険者が被保険者に代わって医療機関にその費用を直接支
払うこととなっており、患者は標準負担額だけを支払うこ
とになります。

● 標準負担額

　標準負担額（患者の自己負担額）は1食あたり460円です。

　また、難病患者や小児慢性特定疾病患者、市町村民税非
課税世帯および標準負担額の減額を受けなければ生活保護
法の要保護者となる世帯（以下「低所得世帯」という）の人につい
て、次のような軽減措置がとられています。

　①難病患者等……1食あたり260円

　②低所得世帯……1食あたり210円

　③低所得世帯で過去1年間の入院日数が90日を超える患
　　者……1食あたり160円

　④低所得世帯で所得が一定の基準に満たない70歳以上
　　の高齢受給者……1食あたり100円

　標準負担額の減額を受ける低所得世帯の人は、被保険者
証と一緒に「限度額適用・標準負担額減額認定証」を保険医
療機関等の窓口に提出します。

3 入院時生活療養費

　療養病床に入院する65歳以上の人については、介護保険との均衡を図るため、食費と居住費については生活療養標準負担額を負担し、残りは健康保険から入院時生活療養費として現物給付を受けることになります。入院時生活療養費の額は、厚生労働大臣が定める基準に従って算出した額から、平均的な家計における食費および光熱水費の状況等を勘案して厚生労働大臣が定める生活療養標準負担額を控除した額となります。

　生活療養標準負担額は、所得の状況、病状の程度、治療の内容等に応じて、減額措置（【表4】）があります。

【表4】生活療養標準負担額（平成30年4月以降）

区分		食費	居住費
一般	医療区分Ⅰ （Ⅱ・Ⅲ以外の人）	1食につき 460円※1	1日につき 370円
	医療区分Ⅱ・Ⅲ （医療の必要性の高い人）	1食につき 460円※1	1日につき 370円
	難病患者等	1食につき260円	0円
低所得者Ⅱ （住民税非課税世帯）		1食につき 210円※2	1日につき 370円※3
低所得者Ⅰ （年金収入が80万円以下等）		1食につき 130円※4	1日につき 370円※3※4

※1　管理栄養士等を配置していない保険医療機関に入院している場合は420円となります。
※2　医療の必要性が高い人、難病患者等で過去1年の入院日数が90日を超える患者は160円。
※3　難病患者等は0円。
※4　境界層該当者（減額措置を受ければ生活保護が必要とならない人）の食費は100円、居住費は0円。

4 保険外併用療養費

　健康保険では、保険が適用されない保険外診療があると、保険が適用される診療も含めて、医療費の全額が自己負担となります。ただし、保険外診療を受ける場合でも、厚生労働大臣の定める「評価療養」と「患者申出療養」と「選定療養」については、保険診療との併用が認められており、通常の治療と共通する部分（診察・検査・投薬・入院料等）の費用は、一般の保険診療と同様に扱われ、その部分については一部負担金を支払うこととなり、残りの額は「保険外併用療養費」として健康保険から現物で給付が行われます。高度先進医療を早期に少ない負担で利用できるよう、特定療養費に変わって導入されました。

　また、被扶養者の保険外併用療養費にかかる給付は、家族療養費として給付が行われます。

①**評価療養**……先進医療（高度医療を含む）、医薬品・医療機器の治験に係る診療、薬価基準収載前の承認医薬品の投与、保険適用前の承認医療機器の使用、薬価基準に収載されている医薬品の適応外使用、保険適用されている医療機器の適応外使用

②**患者申出療養**……評価療養とは別の制度として、患者からの申し出による国内未承認の医薬品や医療機器等高度の医療技術を用いた療養（平成28年4月より）。

③**選定療養**……特別の療養環境の提供（差額ベッド）、予約診療、時間外診療、200床以上の病院の未紹介患者の初診、200床以上の病院の再診、制限回数を超える医療行為、180日を超える入院、前歯部の材料差額、金属床総義歯、小児う触の治療後の継続指導管理

5 訪問看護療養費・家族訪問看護療養費

在宅療養している被保険者(被扶養者)が、かかりつけの医師の指示を受け、訪問看護ステーションから派遣された看護師等から療養上の世話や、必要な診察の補助を受けたときは、その費用が訪問看護療養費として現物給付されます。

その額は、厚生労働大臣が定める基準により算出した額から、患者が負担する基本利用料を控除した額です。訪問看護療養費は、保険者が被保険者に代わって、指定訪問看護事業者にその費用を直接支払うことになっています。また、患者が交通費、おむつ代などの実費や特別サービスを希望して受けた場合は、特別料金を支払うことになります。

基本利用料は、被保険者・被扶養者とも3割負担が原則で高額療養費の対象となります。

6 移送費・家族移送費

病気やケガで治療先までの移動が困難な患者が、医師の指示により移送されたときに、次のいずれにも該当すると保険者が認めた場合は、移送費が現金給付として支給されます。

①移送の目的である療養が、保険診療として適切であること
②患者が、療養の原因である傷病により移動が著しく困難であること
③緊急その他やむを得ないこと

支給額は、最も経済的な通常の経路および方法で移送された場合の費用により算定された額の範囲内での実費です。

また、医師等の付添人については、医師が必要と認めた場合に限り、原則として1人までの交通費が受けられます。

なお、移送費の支給が認められる医師等の付添人による医学的管理等について、患者がその医学的管理等に要した費用を支払ったときは、原則として1人分の人件費等について実際に要した費用の範囲内で、移送費とは別に「療養費」として支給されます。

7 療養費・家族療養費

　被保険者または被扶養者の傷病に対しては、保険医療機関等を通じて医療そのものを現物給付することを原則としていますが、保険医療機関での給付が困難な場合や、被保険者(被扶養者)にやむを得ない事情がある場合などには、療養費(家族療養費)としてそれに要した費用が支給されます。

(1)支給要件

　次のような場合に支給されます。

①事業主が被保険者資格取得届の手続き中で、被保険者証が交付されていなかったため、療養の給付が受けられなかったとき

②やむを得ない事情のため、療養の給付等が受けられない医療機関で診察や手当を受けたとき

③療養のため、医師の指示により義手・義足・義眼・コルセットを装着したとき

④生血液の輸血を受けたとき

⑤医師の同意を得て、あんま師・はり師・きゅう師の施術を受けたとき

⑥柔道整復師の施術を受けたとき(骨折・脱臼は医師の同意が必要)

⑦海外の医療機関にかかったとき

⑧標準負担額の減額申請書を提出できなかったとき

(2)支給額

療養の給付等を行ったとした場合の基準額(診療報酬点数表)によって計算した額から一部負担金相当額および入院時の食事療養・生活療養の標準負担額を差し引いた額が支給されます。ただし、実際に支払った額が、療養の給付等の基準による額より少ないときは、実際に支払った額が支給されます。

8 傷病手当金

被保険者が病気やケガのために会社を休み、事業主から十分な報酬が受けられない場合に支給されます。

(1)支給要件

被保険者が療養のため労務に服することができない場合で、次の①並びに②の条件を満たしたときに支給されます。

①連続3日間(待期期間という)療養のため労務に就いていないこと

②①に該当したあと療養のため労務に服することができなかった日※があること

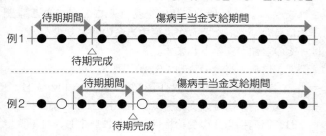

●=休んだ日　○=出勤した日

※労務に服することができなかった日……待期期間の初日は、午前中出勤して午後から休んだ場合でもよいが、他の日は出勤し1時間でも仕事に就いた場合は待期期間に含まれません。

(2)支給額

傷病手当金は、被保険者期間によって額が異なります。

①被保険者期間が1年以上の人……支給開始日以前の継続した12ヵ月間の各月の標準報酬月額の平均額の1/30の3分の2の金額

②被保険者期間が1年未満の人……支給開始日の属する月以前の継続した各月の標準報酬月額の平均額の1/30か、支給開始日の属する年度の前年度の9月30日における全被保険者の同月の標準報酬月額の平均額の1/30か、いずれか低い額に3分の2を掛けた金額

(3)支給期間

傷病手当金の支給を受け始めてから通算1年6ヵ月の範囲内です(令和4年1月より)。

なお、同一の傷病であっても、社会通念上治癒したものとみなされ再発した場合は、新たに支給期間を計算し直します。

(4)報酬との調整

傷病手当金の支給要件に該当する人が、事業主から報酬の支払いを受けることができるときは、傷病手当金は支給されません。ただし、支払いを受けることができる報酬(または支払いを受けた報酬)が傷病手当金の額より少ないときは、その差額が支給されます。

例　①傷病手当金の日額：6,220円

②報酬(家族手当)：533円33銭(月額16,000円の場合)

③傷病手当金の支給額：5,686円(6,220円−533円33銭)

なお、傷病手当金の受給権は日ごとに発生し、日単位で支払われるべきものなので、1円未満の端数があるときは、国等の債権債務等の金額の端数計算に関する法律(昭和25年法律第61号)により、日単位で切り捨てられるため、1円未

満の端数は支給されません。

(5)障害厚生年金との調整

　傷病手当金の支給を受けるべき人が、同一の傷病により障害厚生年金の支給を受けることができるときは、傷病手当金は支給されません。

　ただし、障害厚生年金(同一支給事由(同一傷病)の障害基礎年金を含む)の額※が傷病手当金の日額より少ない場合は、事業主からの報酬や出産手当金の支給の有無に応じ差額が支給されます。

　※障害基礎年金と障害厚生年金の合算額を360(日)で除した額となります。

　①報酬と出産手当金がない場合……障害年金と傷病手当金との差額
　②報酬がなく、出産手当金がある場合……障害年金あるいは出産手当金のうちの多いほうの額と傷病手当金との差額
　③報酬があり、出産手当金がない場合……報酬あるいは障害年金のうちの多いほうの額と傷病手当金との差額
　④報酬と出産手当金がある場合……障害年金あるいは次のABの合計額のうちの多いほうの額と傷病手当金との差額
　A　報酬の額
　B　報酬との調整で差額支給となっている出産手当金

(6)障害手当金との調整

　傷病手当金の支給を受けるべき人が、同一の傷病により障害手当金の支給を受けることができるときは、傷病手当金の支給額(報酬との差額を受ける場合は、報酬と差額の合算額)が障害手当金の額に達するまで傷病手当金は支給されません。

(7)老齢年金との調整

被保険者資格喪失後の継続給付を受ける人が、次の老齢または退職を支給事由とする年金を受給する間は、傷病手当金は支給されません。

ただし、支給された①～④の年金の額が傷病手当金の額より少ない場合は、その差額が支給されます。

①国民年金法による老齢基礎年金

②厚生年金保険法による老齢厚生年金

③国家公務員共済組合法、地方公務員等共済組合法並びに私立学校教職員共済組合法に基づく退職共済年金

④その他の政令に基づく老齢退職年金給付(恩給等)

(8)資料の提供

保険者は、傷病手当金の支給に当たり必要があると認めるときは、老齢退職年金給付の支払者に対して資料の提供を求めることができます。

9 高額療養費

被保険者または被扶養者の療養に要した費用が著しく高額である場合に、家計の負担を軽減できるように、一定の金額(自己負担限度額)を超えた部分が、被保険者の請求により払い戻されます。ただし、保険外併用療養費の差額部分や、入院時食事療養費・入院時生活療養費の自己負担額は対象となりません。

(1)70歳未満の高額療養費

被保険者または被扶養者が同一月に同一の病院・診療所・薬局等で支払った自己負担額が、【表5】の所得に応じた区分により、それぞれの自己負担限度額を超えた場合に、その超えた額が払い戻されます。

①世帯合算による特例……同一世帯、同一月で自己負

42

担額が21,000円を超える人が2人以上(同一人が同一月に2つ以上の医療機関で21,000円を超える場合も同様)あるときは、その自己負担額を合算して、【表5】の自己負担限度額を超えた場合に、その超えた額が支給されます。

②**多数回該当による特例**……高額療養費に該当している月が1年間で4回以上となる場合は、4回目からは【表5】の< >内の自己負担限度額を超えた場合に、その超えた額が支給されます。

【表5】70歳未満の自己負担限度額(1ヵ月あたり:27年1月以降)

所得区分	自己負担限度額[外来・入院(世帯ごと)]
標準報酬月額 83万円以上	252,600円+(医療費−842,000円)×1% <140,100円>
標準報酬月額 53万〜79万円	167,400円+(医療費−558,000円)×1% <93,000円>
標準報酬月額 28万〜50万円	80,100円+(医療費−267,000円)×1% <44,400円>
標準報酬月額 26万円以下	57,600円 <44,400円>
低所得者 (住民税非課税世帯)	35,400円 <24,600円>

※< >内の金額は多数回該当の場合。
※医療費は、高額療養費対象レセプトにかかる分のみです。

(2)70歳未満の高額療養費の現物給付化

入院する場合など、事前に加入する医療保険者(協会けんぽや健康保険組合など)から「所得区分」が明示された認定証(健康保険限度額適用認定証)を受けていれば、同一医療機関での同一月内の自己負担額を高額療養費の自己負担限度額の範囲内とすることができます。

平成24年4月からは、外来の療養についても同様に、限度額適用認定証を提示することにより、同一医療機関での

同一月内の自己負担額を高額療養費の自己負担限度額までにとどめることができるようになっています。

この制度を利用するには、事前に保険者に申請し、「健康保険限度額適用認定証」の交付を受けることが必要です。

(3)70歳以上75歳未満の人の高額療養費

70歳以上75歳未満の人の自己負担限度額は、70歳未満の人とは別に設定されており、【表6】の限度額が適用されます。なお、後期高齢者医療制度の被保険者は除きます。

【表6】70歳以上75歳未満の自己負担限度額(1ヵ月あたり：30年8月以降)

所得区分	自己負担限度額	
	外来(個人ごと)	世帯単位(外来・入院)
標準報酬月額 83万円以上	252,600円＋（医療費－842,000円）×1% <140,100円>	
標準報酬月額 53万〜79万円	167,400円＋（医療費－558,000円）×1% <93,000円>	
標準報酬月額 28万〜50万円	80,100円＋（医療費－267,000円）×1% <44,400円>	
一般	18,000円 (年間限度額144,000円)	57,600円 <多数回該当：44,400円>
低所得者Ⅱ	8,000円	24,600円
低所得者Ⅰ	8,000円	15,000円

(4)70歳未満と70歳以上の世帯合算

70歳以上の人と70歳未満の人がいる世帯で、同一月にそれぞれの負担がある場合は、世帯合算が行われます。

この場合、70歳以上の人の世帯単位の限度額(【表6】)を適用した後に、なお残る自己負担額について70歳未満の限度額(【表5】)を適用します。

なお、70歳未満の人の自己負担額で世帯合算の対象と

なるのは、21,000円以上のレセプトのみです。

(5)長期高額疾病についての負担軽減

人工透析を要する慢性腎不全患者、血友病や抗ウイルス剤を投与している後天性免疫不全症候群の人については、

被保険者証と特定疾病療養受療証を医療機関の窓口に提示することで、医療機関の窓口での自己負担限度額が軽減され、最大1ヵ月10,000円※で済みます。

> ※人工透析を要する70歳未満の上位所得者（標準報酬月額530,000円以上）およびその被扶養者の上限額は、20,000円となります。

⑩ 高額介護合算療養費

高額療養費の算定対象世帯に介護保険受給者がいる場合、医療保険と介護保険の自己負担額（高額療養費・高額介護サービス費などを控除した額）を年間で合算した額が【表7】の限度額を超えたときは、申請に基づき、超えた額が払い戻されます。介護保険の自己負担額に係る部分は、介護保険の「高額医療合算介護サービス費」として支給されます。ただし、保険外併用療養費の差額部分や、入院時食事療養費・入院時生活療養費の自己負担額は対象となりません。

【表7】高額介護合算療養費の自己負担限度額（30年8月以降）

区分	70歳未満	70歳以上75歳未満
標準報酬月額83万円以上	212万円	212万円※1
標準報酬月額53万～79万円	141万円	141万円※1
標準報酬月額28万～50万円	67万円	67万円
標準報酬月額26万円以下（一般）	60万円	56万円
低所得者Ⅱ※1	34万円	31万円
低所得者Ⅰ※2	34万円	19万円

※1　被保険者が市町村民税の非課税者である場合。
※2　被保険者とその扶養家族全員の収入から必要経費および諸控除を除いた後において所得がない場合。
※毎年8月1日〜翌年7月31日の12ヵ月間の自己負担額を計算します。

11 出産に関する給付

　被保険者が出産したときは、出産育児一時金・出産手当金が、被扶養者が出産したときは家族出産育児一時金が支給されます。

(1)出産育児一時金

　出産育児一時金は、1児につき50万円※（令和5年度より）が支給されます。

> ※産科医療補償制度に加入している病院などで分娩した等の場合に限ります。それ以外の場合は、48.8万円の支給となります。
> ※健康保険でいう出産とは、妊娠85日（4ヵ月）以後の生産（早産）、死産（流産）、人工妊娠中絶をいいます。また、正常な出産、経済上の理由による人工妊娠中絶は、健康保険による診療（療養の給付）の対象からは除かれますが、出産育児一時金の対象にはなります。また、被保険者が妊娠中（85日以後）、業務上または通勤災害の影響で早産したような場合、労災保険で補償を受けたとしても、出産育児一時金は支給されます。

(2)家族出産育児一時金

　家族出産育児一時金は、被扶養配偶者に限らず、被扶養者であるほかの家族が出産したときにも支給されます。支給額は1児につき50万円※（令和5年度より）となります。

> ※産科医療補償制度に加入している病院などで分娩した等の場合に限ります。それ以外の場合は、48.8万円の支給となります。

(3)出産育児一時金の支給方法

　平成23年4月以降の出産育児一時金および家族出産育児一時金の支給申請と支払い方法は、被保険者等の申請手続きへの負担の軽減や、退院時に多額の出産費用を準備する

必要がないように、次の3つの方法となりました。

①**直接支払制度**……医療機関等と被保険者等の合意に基づき、医療機関等が被保険者に代わって、支払機関を経由して、出産育児一時金の支給申請と受け取りを行うもの。

②**受取代理制度**……医療機関等と被保険者等の合意に基づき、医療機関等が被保険者に代わって、保険者から、出産育児一時金の受け取りを行うもの（被保険者等は出産予定日の2ヵ月前以降に保険者に申請を行う必要があります）。

③被保険者が医療機関窓口に出産にかかった費用を支払い、後日保険者へ出産育児一時金の支給を申請し、支払いを受けるもの。

※直接支払制度では、出産費用が出産育児一時金の支給額（原則50万円）の範囲内であった場合は、後日保険者に請求することになります。また、出産費用が出産育児一時金の支給額を超えた場合は、その超えた額を医療機関等に支払うことになります。

※直接支払制度および受取代理制度の利用は、医療機関等の制度の導入状況により異なるため、利用が可能かどうか、出産を予定している医療機関等に確認が必要です。

(4)出産手当金

被保険者が出産のため会社を休み、事業主から報酬が受けられないときは、出産手当金が支給されます。

①**支給要件**……出産手当金は、妊娠が判明し、出産日（実際の出産が予定日より遅れた場合は出産予定日）以前42日目（多胎妊娠の場合は98日目）から出産の日の翌日以後56日目までの間で会社を休んだ期間について、被保険期間に応じて次のように支給されます。

　ア　被保険者期間が1年以上の人……支給開始日以前の継続した12ヵ月間の各月の標準報酬月額の平均額の1/30の3分の2の金額

イ　被保険者期間が1年未満の人……支給開始日の属
する月以前の継続した各月の標準報酬月額の平均額
の1/30か、支給開始日の属する年度の前年度の9月
30日における全被保険者の同月の標準報酬月額の
平均額の1/30か、いずれか低い額に3分の2を掛け
た金額

②**報酬との調整**……事業主より報酬を受けられる場合
は、その報酬の額を控除した額が出産手当金として支
給されます(控除額の計算はP.40)。なお、出産手当金の
支給期間中に傷病手当金も受けられる場合は、出産手
当金の支給を優先し、傷病手当金の額が出産手当金の
額より多ければ、その差額が傷病手当金として支給さ
れます。

※出産手当金は、傷病手当金のように「労務不能」ではなく、結果と
して「出産のため労務に就かなかった期間」支給されるものです。

③出産が予定日より遅れた場合……実際の出産が出産予
定日より遅れた場合は、予定を超えた期間分について
は、産前の42日に加算して支給されます。たとえば、
実際の出産が予定日より5日遅れたという場合は、そ
の5日分についても出産手当金が支給されます。

12 死亡に関する給付

⑴埋葬料

被保険者等が死亡したときは、埋葬を行った家族(被保険
者に生計を維持されていた人であれば、被扶養者でなくてもよい)に
埋葬料として5万円が支給されます。

⑵埋葬費

死亡した被保険者に家族がいない場合は、実際に埋葬を
行った人に埋葬料(5万円)の範囲内で埋葬にかかった費用が

埋葬費として支給されます。

(3)被扶養者の死亡

被扶養者として認定を受けている家族が死亡したときは、被保険者に対して家族埋葬料として5万円が支給されます。

⓭資格喪失後に関する給付

被保険者が資格を喪失した後も、一定の要件を備えている場合には、次の給付を受けることができます。

(1)傷病手当金

被保険者の資格喪失日前から傷病手当金を受給しているか、受給できる条件を満たし、資格喪失日前に継続して1年以上被保険者期間がある人は、資格喪失後も引き続き療養のため労務不能の状態が続く場合、期間が満了するまで傷病手当金を受給できます。

(2)出産に関する給付

①出産手当金……被保険者の資格喪失日前から出産手当金を受給しているか、受給できる条件を満たし、資格喪失日前に継続して1年以上被保険者期間がある人は、資格喪失後も引き続き出産のため労務に服さなかった状態が続く場合、期間が満了するまで出産手当金を受給できます。

②出産育児一時金……被保険者の資格を喪失した日前に、引き続き1年以上の被保険者期間があった人で、資格喪失後6ヵ月以内に出産したときは、出産育児一時金を受給できます。なお、支給額は被保険者と同じです。

(3)埋葬料(費)

次の①～③のいずれかに該当した場合に、死亡した被保

険者であった人によって生計を維持されていた被扶養者に
埋葬料として5万円が支給されます。埋葬料を受ける人が
いない場合は、埋葬を行った人に埋葬費(埋葬料の範囲内で
埋葬に直接要した実費)が支給されます。

①被保険者であった人が、被保険者資格喪失後に傷病手当
　金または出産手当金を受けているときに死亡したとき
②被保険者資格喪失後に傷病手当金または出産手当金を
　受けていた人が、その給付を受けることができなくな
　った日以後3ヵ月以内に死亡したとき
③被保険者であった人が、被保険者の資格喪失日以後3
　ヵ月以内に死亡したとき

(4)日雇特例被保険者となった人の特例(平成15年4月施行)

　健康保険の資格喪失後の継続療養の給付は、平成15年4
月から、原則廃止されています。ただし、日雇特例被保険
者またはその被扶養者となった人に限り、資格喪失当時受
けていた療養の給付について、6ヵ月を限度に継続療養が受
けられます。この場合の給付を「特別療養給付」といいます。

14 保険給付の対象とならない傷病(診療)

　次の傷病(診療)は、保険給付の対象となりません。

①業務上の傷病(原則として、労働者災害補償保険法から保険
　給付を受けられない場合を含む)
②労働者災害補償保険法から通勤災害(⇨P.169)による保
　険給付を受けられる傷病
③健康診断および一般的な予防注射
④正常分娩、正常妊娠および経済上の理由による人工妊
　娠中絶(出産育児一時金を除く)
⑤母体保護法第3条の不妊手術
⑥美容を目的とする整形手術、歯科矯正

⑦治療不能または医師が治療の必要を認めない傷病

※第三者行為による負傷および給付制限に関する取扱いは、P.245を参照。

第8節　日雇特例被保険者

1 日雇特例被保険者制度

次の人は、就労の特性を考慮して、「健康保険日雇特例被保険者」となります。

(1)被保険者となる人

健康保険の適用事業所に使用される、次の要件に該当する人が法第3条第2項に定める日雇特例被保険者となります。

①臨時に2ヵ月以内の期間を定めて使用され、その期間を超えない人

②臨時に使用される日々雇い入れられる人で、1ヵ月を超えない人(事業所を転々としている人は、同一事業所で1ヵ月を超えないこと)

③季節的業務に4ヵ月を超えない期間使用される予定の人(例:酒を醸造する職人(杜氏)、海の家の監視員等)

④臨時的事業所に6ヵ月を超えない期間使用される予定の人

(2)被保険者とならない人(適用除外)

次に該当する人で、承認を受けた人は、健康保険の一般被保険者および日雇特例被保険者となりません。

①適用事業所において、引き続く2ヵ月間に通算して26日以上働く見込みがないことが明らかであるとき

②健康保険の任意継続被保険者であるとき

③その他特別の理由があるとき

※75歳以上の人および65歳以上で一定の障害がある人は、後期

高齢者医療制度の被保険者となり、日雇特例被保険者から除外されます。

② 日雇特例被保険者手帳

日雇特例被保険者手帳は、日雇特例被保険者であることを証明する身分証明書と、保険料納付台帳となるものです。日雇特例被保険者は、適用事業所に使用される日ごとに、日雇特例被保険者手帳を事業主に提示し、健康保険印紙を貼ってもらいます。この印紙で保険料の納付を示します。

③ 標準賃金日額の計算方法

日雇特例被保険者の保険料や保険給付の額は、標準賃金日額に基づいて計算されます。また、標準賃金日額の計算は、日雇特例被保険者の賃金日額に基づき、平成19年4月より11等級になっています。

なお、介護保険第2号被保険者に該当する人は、介護保険料が加算されます。

④ 保険料

(1)保険料の額

保険料の額（日額）は、次の式から算定されます（10円未満切り捨て労使折半）。

①保険料額（日額）＝標準賃金日額×（平均保険料率※1＋介護保険料率※2）

※1 平均保険料率：協会けんぽの都道府県単位の保険料率に、各支部の被保険者の総報酬額の総額を乗じて得た額の総額を、全国の被保険者の総報酬額の総額で除して得た額（令和5年度10.00%）

※2 40歳以上65歳未満の人（介護保険第2号被保険者）は介護保険料率（令和5年度1.64%）が加わります。

②①の額×31/100（10円未満切り捨て、事業主負担）

①＋②＝保険料日額（全額）

賞与に係る保険料額は、標準賞与額（賞与額の1,000円未満を切り捨てた額・上限40万円）に平均保険料率（40歳以上65歳未満の人には介護保険料率を加算）を乗じた額になります。

(2)保険料の納付

日雇特例被保険者に関する保険料は、標準賃金日額の等級区分に応じて、原則として健康保険印紙をもって納付します。

【表8】標準賃金日額および保険料額表（令和5年4月　単位：円）

標準賃金日額		賃金日額	保険料額					
			介護保険に該当しない被保険者　10.0%			介護保険第2号被保険者　11.82%		
等級	日額	（円以上円未満）	被保険者	事業主	合計	被保険者	事業主	合計
1級	3,000	～3,500	150	240	390	175	275	450
2級	4,400	3,500～5,000	220	350	570	260	420	680
3級	5,750	5,000～6,500	285	455	740	335	545	880
4級	7,250	6,500～8,000	360	580	940	425	685	1,110
5級	8,750	8,000～9,500	435	705	1,140	515	835	1,350
6級	10,750	9,500～12,000	535	865	1,400	635	1,025	1,660
7級	13,250	12,000～14,500	660	1,070	1,730	780	1,260	2,040
8級	15,750	14,500～17,000	785	1,265	2,050	930	1,500	2,430
9級	18,250	17,000～19,500	910	1,470	2,380	1,075	1,735	2,810
10級	21,250	19,500～23,000	1,060	1,710	2,770	1,255	2,025	3,280
11級	24,750	23,000～	1,235	1,995	3,230	1,460	2,360	3,820

※介護保険第2号被保険者の保険料は、毎年度4月に見直されます。

(3)健康保険印紙

健康保険印紙（以下「印紙」という）は、事業主が、管轄する年金事務所等から交付された健康保険印紙購入通帳をもっ

て、印紙を販売する郵便局に提示して購入します。

(4)健康保険印紙報告

事業主は、印紙の受払と、印紙の貼付もれの際に納める現金保険料の納付状況を毎月、翌月末日までに年金事務所等に届出しなければなりません。

5 保険給付

(1)療養の給付

●受給資格

日雇特例被保険者が療養の給付を受けるためには、療養の給付を受けようとする日の属する月前の2ヵ月間に、26日分以上または、その月前6ヵ月間に78日分以上の保険料を納めていることが必要となります。

日雇特例被保険者は、診察を受けるのに必要な保険料を納付したときには、日雇特例被保険者手帳を協会けんぽあるいは指定市町村に提出して、「受給資格者票」の該当する月の欄に押印してもらい、給付を受ける資格がある確認を受けます。日雇特例被保険者は、被保険者証の代わりに「受給資格者票」を医療機関の窓口に提出し診察を受けます。

●自己負担割合

被保険者、被扶養者ともに3割(未就学児童2割・70歳以上2割。一般被保険者と同様)

●受給期間

1つの病気やケガについて治療を受け始めてから1年間(結核性疾病の場合は5年間)。

(2)入院時食事療養費・入院時生活療養費・保険外併用療養費

(1)と同様の受給資格を満たしている人は、一般の被保険者と同じく、給付を受けることができます(⇨P.34～P.36)。被扶養者については、家族療養費として給付されます。

⑶療養費

(1)と同様の受給資格を満たしている人が、やむを得ない理由で保険医療機関以外の病院・診療所で治療を受けた場合などは、一般被保険者と同様に療養費が受けられます。被扶養者の場合は、家族療養費として給付されます。

⑷訪問看護療養費

(1)と同様の受給資格を満たしている人が訪問看護を受けたときは、訪問看護に要した費用について、一般被保険者と同様に訪問看護療養費が給付されます(⇨P.37)。被扶養者の場合は、家族訪問看護療養費として給付されます。

⑸移送費

(1)と同様の受給資格を満たしている人が、緊急時に必要があって移送された場合は、一般被保険者と同様に移送費が現金給付として支給されます(⇨P.37)。

⑹特別療養費

日雇特例被保険者およびその被扶養者が療養の給付・家族療養費等を受けるための要件を満たしていない場合でも、次の要件を満たしている人とその被扶養者は、療養の給付を受けることができます。

- 初めて日雇特例被保険者手帳の交付を受けた人
- 日雇特例被保険者手帳の交付を受け、保険料の納付要件を満たした月に手帳の余白がなくなり、その後初めて手帳の交付を受けた人
- 保険料の納付要件を満たした月の翌月中に日雇特例被保険者手帳を返した後、初めて手帳の交付を受けた人
- 以前日雇特例被保険者手帳の交付を受け、印紙を貼るべき余白がなくなった日から、または手帳を返納して1年以上経過後に手帳の交付を受けた人

特別療養費の支給を受けられる人は、あらかじめ協会け

んぽ都道府県支部または指定市町村に申請して、「特別療養費受給票」の交付を受けておき、その有効期間中に保険医療機関にこれを提示し、診療を受けることになります。特別療養費の支給を受けることができる期間は、被保険者手帳の交付を受けた月の初日から数えて3ヵ月（月の初日に被保険者手帳の交付を受けた人は2ヵ月）です。

(7)傷病手当金

①**支給要件**……傷病手当金は、傷病により療養の給付等を受けている場合で、その療養のため労務に就くことができないときに、休業4日目から6ヵ月間（結核性疾病の場合は1年6ヵ月間）の範囲で支給されます。

②**支給額**……初めてその傷病についての給付等を受けた月前の2ヵ月間に通算して26日分以上、または6ヵ月間に通算して78日分以上の保険料を納付している場合、当該期間において、最も賃金総額の多かった月の標準賃金日額の合算額の45分の1が傷病手当金の支給日額になります。

(8)出産育児一時金・家族出産育児一時金

妊娠85日（4ヵ月）以上の出産について、死産・生産または異常・正常にかかわらず、一般の被保険者と同様に1児につき42万円が支給されます（⇨P.46）。

※妊娠4ヵ月以上とは、1ヵ月＝28日として4ヵ月目に入る85日以上をいい、出産に関する保険給付の対象としています。

①**被保険者が出産したとき**……出産育児一時金は、出産日の属する月前4ヵ月間に通算して26日分以上保険料を納付している被保険者が出産したとき、1児につき50万円（令和5年3月までの出産の場合は42万円）が支給されます。

②**家族が出産したとき**……出産する前2ヵ月間に26日

分以上、または前6ヵ月間に通算して78日分以上の保険料を納めている被保険者の被扶養者が出産したときは、1児につき50万円（令和5年3月までの出産の場合は42万円）が支給されます。

※被保険者、家族とも、産科医療補償制度に加入していない病院などで分娩した場合は48万8千円（令和5年3月までの出産の場合は40万8千円）となります。

(9)出産手当金

①**支給要件**……出産育児一時金の支給要件に該当する日雇特例被保険者が出産のため労務に就かなかったときに、出産手当金が支給されます。

②**支給期間**……支給期間は、一般の被保険者と同様に、出産の日以前42日目（多胎妊娠の場合は98日目）から出産後56日目の範囲で、労務に就かなかった期間となります。

③**支給金額**……出産日の属する月前4ヵ月のうち、最も賃金総額の多かった月の標準賃金日額の合算額の45分の1の額が出産手当金の日額になります。

(10)埋葬料・家族埋葬料

①**支給要件**……次のいずれかに該当した場合に埋葬料が支給されます。なお、家族埋葬料は、被保険者がアの納付要件を満たしていて、その被扶養者が死亡したときに支給されます。

ア　死亡の日の属する月前2ヵ月間に26日分以上、または前6ヵ月間に78日分以上保険料が納付されている被保険者が死亡したとき

イ　療養中（療養の給付を受けられる人を含む）の被保険者が死亡したとき

ウ　療養の給付終了後3ヵ月以内に死亡したとき

②支給額……被保険者・被扶養者いずれの場合も5万円が支給されます。

⑾高額療養費

1人1ヵ月の保険診療分の自己負担額が一定の額(⇨P.42)を超えたとき、一般被保険者と同様にその超えた額が支給されます。

⑿高額介護合算療養費

医療保険と介護保険の自己負担額を年間で合算した額が、一定の額(⇨P.45)を超えたとき、一般被保険者と同様にその超えた額が支給されます。

第9節　特定健康診査・特定保健指導

保険者は、保険給付と併せて、健康教育、健康相談、健康診査、その他被保険者および被扶養者の健康保持・増進に必要な保健指導を実施するよう努力することとされています。平成20年4月より、40歳以上75歳未満の被保険者・被扶養者を対象にメタボリックシンドロームに着目した特定健康診査(糖尿病等の生活習慣病を早期発見するための健診)と特定保健指導(特定健康診査の結果により健康の保持・増進に努める必要がある人に対する保健指導)を実施することが義務付けられています。

第3章　後期高齢者医療制度

第1節　制度の概要

1 後期高齢者医療制度

　平成20年4月、高齢者の適切な医療の確保を図るため、老人保健制度（昭和58年2月～）に代わり、「高齢者の医療の確保に関する法律」が施行されました。75歳（障害認定を受けた人は65歳）以上の人を対象に、独立した後期高齢者医療制度が実施されています。後期高齢者に該当する人は、医療保険制度の被保険者・被扶養者ではなくなり、全市町村が加入する後期高齢者医療広域連合の被保険者となります。

　後期高齢者医療制度に必要な財源は、被保険者が負担する保険料1割、公費約5割、現役世代からの支援金（後期高齢者支援金）約4割で賄います。

2 保険者

　後期高齢者医療制度の保険者は、市区町村が加入する都道府県単位の後期高齢者医療広域連合（以下、広域連合という）となり、財政運営や事務処理などを行います。

第2節　被保険者資格の取得・喪失

1 被保険者となる人

　75歳以上の人、または65歳以上75歳未満で一定の障害のある人が後期高齢者医療制度の被保険者となります（生活保護を受けている世帯に属する人等は除く）。後期高齢者医療制度

の被保険者となる人は、それまで加入していた医療保険制度の被保険者および被扶養者から脱退することになります。

　資格取得に伴い、広域連合から被保険者証が発行され、資格喪失の際には被保険者証を返還することになります。

２ 被保険者資格の取得

　広域連合の区域内に住所を有する人が、次に該当したときに後期高齢者医療制度の被保険者となります。

　　①75歳になったとき（75歳の誕生日当日）
　　②65歳以上75歳未満の人で一定の障害の状態であると
　　　広域連合の認定を受けたとき（認定を受けた日）

３ 被保険者資格の喪失

　次に該当したときに後期高齢者医療制度の被保険者資格を喪失します。

　　①広域連合の区域内に住所を有しなくなった日の翌日
　　　（ただし、その日に他の広域連合の区域内に住所を有する場合
　　　は、その日）
　　②広域連合から障害認定を受けている65歳以上75歳未満
　　　の人が、障害認定の基準に該当しなくなった日の翌日
　　③生活保護等を受けていたことにより、適用除外となっ
　　　た日
　　④死亡した日の翌日

第３節　保険料

１ 保険料率の設定

　保険料額は、被保険者の所得に応じて負担する所得割額

と、被保険者全員が均等に負担する均等割額の合計額となり、個人単位で賦課されます。所得割の率や均等割の額は、各広域連合がそれぞれの都道府県の医療の給付に応じて、2年ごとに定めます。原則として、都道府県内で同じ所得であれば同額の保険料になります。ただし、離島や、医療確保が著しく困難な地域等においては、広域連合が別に定めた保険料率とすることができます。

保険料は、年金だけでなくほかの所得も含めた全体の所得に応じて決まります。

2 保険料の徴収

保険料は、市町村が被保険者1人1人から徴収し、広域連合に納付します。保険料の徴収には特別徴収（老齢等年金給付からの天引き）と普通徴収（納入の通知をすることによって保険料を徴収）があり、通常は特別徴収によって徴収されます。ただし、年金額が年額18万円未満の人や、介護保険料と後期高齢者医療保険料を合わせた額が年金額の2分の1を超える人については、普通徴収となります。普通徴収による保険料の納期は、市町村の条例で定めます。

なお、年金からの天引きに代えて、過去2年間に国民健康保険料の納め忘れがなかった人や、年金収入18万円未満で、世帯主などが本人に代わって口座振替で保険料を支払っている人などは、市区町村への申し出により口座振替で納めることができます。

3 保険料の軽減制度

(1)均等割額にかかる軽減制度

保険料のうち均等割額は、同一世帯の被保険者全員および世帯主の所得の合計額をもとに9割・8.5割・5割・2割の

軽減制度がありましたが、見直しが行われました。

　9割軽減と8.5割軽減については段階的に本則の7割軽減に戻すことになりました。9割軽減の場合については、令和元年度は8割軽減になり、該当者には年金生活者支援給付金が支給され、介護保険料の軽減も併せて行われるようになりました。さらに、令和2年度から7割軽減になりました。一方、8.5割の場合についても段階的には7割軽減に戻すことになり、令和2年度から7.75割軽減、令和3年度からは7割軽減になりました。

軽減割合	基準となる総所得金額
7割	基礎控除額(43万円)＋10万円×(給与・年金所得者等の数－1)以下
5割	基礎控除額(43万円)＋28.5万円×被保険者数＋10万円×(給与・年金所得者等の数－1)以下
2割	基礎控除額(43万円)＋52万円×被保険者数＋10万円×(給与・年金所得者等の数－1)以下

※平成26年度以降、5割軽減と2割軽減の判定の基準となる総所得金額が引き上げられており、上記の表の「基準となる総所得金額」は令和3年度のものとなっております。
※65歳以上の年金受給者については、総所得金額から高齢者特別控除の15万円を差し引いた金額が軽減判定所得となります。
※広域連合独自政策で、所得割額が軽減される場合があります。

(2)所得割額にかかる軽減措置の廃止

　基礎控除後の総所得金額等が58万円以下(公的年金収入のみの場合、年金受給額が153万円以上211万円以下)の人についての軽減措置は平成30年度よりなくなりました。

(3)「被扶養者であった人」の軽減措置

　新たに保険料負担が生じる「被用者保険の被扶養者であった人」については、急激に負担が増えることがないよう、加入した月から被保険者均等割額が軽減され、所得割額の

負担はありません(国民健康保険・国民健康保険組合の加入者は該当しません)でしたが、均等割については段階的に見直しがされ、令和元年度以降は、資格取得から2年間に限り、均等割が5割軽減されます。

ただし、(1)の均等割額の7割の軽減の特例は該当者に適用されます。

※被用者保険とは、全国健康保険協会管掌健康保険(協会けんぽ)、組合管掌健康保険、船員保険、共済組合保険などを指します。

第4節　保険給付の内容

後期高齢者医療制度の給付内容は、国民健康保険の給付とほぼ同じものになっています。

- 療養の給付
- 入院時食事療養費
- 入院時生活療養費
- 保険外併用療養費
- 療養費
- 訪問看護療養費
- 移送費
- 高額療養費
- 高額介護合算療養費
- 特別療養費

以上のほか、広域連合ごとに定める任意給付(葬祭費等の支給)があります。

1 自己負担割合と自己負担限度額

医療機関等の窓口で支払う医療費の自己負担額(一部負担金)の割合は、一般の被保険者は1割(令和4年10月より一定所得者は2割)、現役並み所得者※は3割となります。

※現役並み所得者とは、住民税の課税所得が145万円以上の被保険者およびその被保険者と同一世帯に属する人。ただし、住民税課税所得145万円以上でも被保険者の収入合計額が次の金額に満たない場合は、申請することにより1割負担となります。世帯に被保険者が1人の場合…収入金額が383万円未満世帯に被保険者が2人以上いる場合…収入合計が520万円未満

なお、自己負担額は、月ごとの上限額が設定されています。1ヵ月にかかる医療費が高額になった場合、各市町村の担当窓口に申請し、認められると「高額療養費」として払い戻されます。

【表1】75歳以上の高額療養費の自己負担限度額

負担割合	区分	外来(個人)	外来＋入院(世帯)
3割	現役並み所得Ⅲ 課税所得690万円以上	252,600円＋(医療費－842,000円)×1%　[140,100円]	
	現役並み所得Ⅱ 課税所得380万円以上	167,400円＋(医療費－558,000円)×1%　[93,000円]	
	現役並み所得Ⅰ 課税所得145万円以上	80,100円＋(医療費－267,000円)×1%　[44,400円]	
2割	一般Ⅱ	6,000円＋(医療費－30,000円)×10%または18,000円のいずれか低い方(年間上限144,000円)	57,600円 [44,400円]
1割	一般Ⅰ	18,000円 (年間上限144,000円)	
	区分Ⅱ	8,000円	24,600円
	区分Ⅰ		15,000円

※診療月を含め過去12ヵ月に3回以上、世帯(外来＋入院)の支給対象となっている場合は、4回目以降の世帯(外来＋入院)の自己負担限度額は[　]内の金額となります。
※区分Ⅱは住民税非課税世帯で区分Ⅰに該当しない人。区分Ⅰは住民税非課税世帯で世帯全員の所得が0円の人等。

●75歳到達月の自己負担限度額の特例について

　75歳になった月は、誕生日前に加入していた医療保険制度と、誕生日後の後期高齢者医療制度のそれぞれで、月の自己負担限度額まで負担するため、その月だけ他の月より高額になる問題がありました。そのため当該月に限り、

両制度の自己負担限度額がそれぞれ半額となります（誕生日が1日の人を除く）。

2 高額介護合算療養費

同一世帯の被保険者で、医療保険と介護保険の自己負担額が高額となっている場合に負担を軽減するしくみです。高額療養費の算定対象世帯に介護保険受給者がいる場合、医療保険と介護保険の自己負担額（高額療養費・高額介護サービス費などを控除した額）を年間で合算した額が世帯の自己負担限度額を超えたときは、申請に基づき、超えた額が払い戻されます。

【表2】75歳以上の高額介護合算療養費の自己負担割合・算定基準額（平成30年8月以降）

区分		自己負担割合	高額介護合算算定基準額
現役並み所得者	課税所得690万円以上	3割	212万円
	課税所得380万円以上	3割	141万円
	課税所得145万円以上	3割	67万円
一般Ⅱ		2割	56万円
一般Ⅰ		1割	56万円
低所得者Ⅱ		1割	31万円
低所得者Ⅰ		1割	19万円

※年額は毎年8月1日から翌年7月31日の12ヵ月間で計算します。

3 入院時の食費・居住費の負担

(1) 入院時食事療養費

入院したときは入院時食事療養費の給付を受け、被保険者は食費にかかる費用のうち標準負担額を負担します。

【表3】食費の標準負担額

所得区分		1食あたりの標準負担額
現役並み所得者および一般※		460円
難病患者等		260円
低所得者Ⅱ	過去1年間の入院日数90日以下	210円
	過去1年間の入院日数91日以上	160円
低所得者Ⅰ		100円

※令和4年10月1日から、自己負担割合が「2割」の人を含みます。

(2)入院時生活療養費

　療養病床(主に慢性期の疾患を扱う病床)に入院し長期入院医療を受ける被保険者は、入院時生活療養費の給付を受け、食費と居住費の標準負担額を負担することになります。

【表4】食費・居住費の標準負担額

区分		標準負担額
現役並み所得者および一般※1		〔食　費〕1食につき460円※2 〔居住費〕1日につき370円
低所得者Ⅱ		〔食　費〕1食につき210円※3 〔居住費〕1日につき370円
低所得者Ⅰ	老齢福祉年金受給者以外の人	〔食　費〕1食につき130円 〔居住費〕1日につき370円
	老齢福祉年金受給者	〔食　費〕1食につき100円 〔居住費〕1日につき0円
難病患者等		〔食　費〕1食につき260円 〔居住費〕1日につき0円

※1　令和4年10月1日から、自己負担割合が「2割」の人を含みます。
※2　保険医療機関の施設基準等により、1食420円の場合もあります。
※3　入院医療の必要性の高い人の過去1年間で90日を超える入院の場合は1食あたり160円となります。

第4章　国民年金

第1節　制度の概要（目的）

　国民年金制度は、昭和34年に無拠出制の福祉年金が先にスタートし、自営業者等の公的年金としては、昭和36年4月から保険料徴収が始まりました。憲法第25条の理念に基づき、国民の生活安定を図ることを目的としています。

第2節　被保険者

1 被保険者の種類

(1)強制加入被保険者

　①**第1号被保険者**……日本国内に在住する20歳以上60歳未満の人であって、第2号および第3号被保険者に該当しない人。ただし、公的年金の老齢・退職給付の受給権者を除きます。

　②**第2号被保険者**……厚生年金保険の被保険者。ただし、公的年金の老齢・退職給付を受給できる65歳以上の人を除きます。

　③**第3号被保険者**……第2号被保険者によって扶養される配偶者であって、日本国内に在住する（海外留学等により日本に住所を有しなくても渡航目的等を考慮して日本国内に生活の基礎があると認められる一定の人も含む）20歳以上60歳未満の人。ただし、自分も第2号被保険者である場合を除きます。

(2)任意加入被保険者

　第1号被保険者から住所要件などの事由で適用を除外さ

第4章

れている人で、本人の希望により国民年金に加入できる人
です。

①日本国内に住所がある20歳以上60歳未満の人で、厚
生年金保険法に基づく老齢給付等を受けることができ
る人
②日本国内に住所のある60歳以上65歳未満の人
③日本国籍を有し、海外に居住する20歳以上65歳未満
の人

(3)特例任意加入被保険者(65歳以上70歳未満の人)

昭和40年4月1日以前に生まれ、次のいずれかに該当す
る人は、本人の希望により国民年金に加入できます(受給資
格期間〔120月〕を満たすまでの期間に限る)。

①日本国内に住所がある65歳以上70歳未満の人で、老
齢基礎年金の受給資格期間を満たしていない人
②日本国籍を有し、海外に居住する65歳以上70歳未満
の人で、老齢基礎年金の受給資格期間を満たしていな
い人

2 被保険者資格取得・喪失の時期

(1)第1号被保険者の資格取得日(他の種別から変更する日を含む)

国民年金第1号被保険者の資格取得日または種別変更日
は、次の各項に該当した日になります。

①日本に住所を有する人が20歳に到達した日(誕生日の前日)
②外国に住んでいた20歳以上60歳未満の人が、日本国
内に住所を有するに至った日
③日本に住所を有する20歳以上60歳未満の人が、国民
年金第2号および第3号被保険者でなくなった日
④国民年金法の適用を除外すべき特別の理由がある者と

して厚生労働省令で定める者でなくなった日

　※国民年金第3号被保険者でなくなった日＝下記(4)参照

(2)第1号被保険者の資格喪失日（他の種別へ変更する日を含む）

　　国民年金第1号被保険者の資格喪失日または種別変更日は、次の各項に該当した日になります。

　①60歳に到達した日（誕生日の前日）

　②国民年金第2号被保険者または第3号被保険者となった日

　③日本国内に住所を有しなくなった日の翌日

　④死亡した日の翌日

　⑤国民年金法の適用を除外すべき特別の理由がある者として厚生労働省令で定める者となった日の翌日

(3)第2号被保険者の資格取得日・喪失日

　　国民年金第2号被保険者は、厚生年金保険の加入者としての資格を取得した日から、次に該当する日の前日までが被保険者期間となります。

　①死亡した日の翌日

　②厚生年金保険の被保険者の資格を喪失した日、または65歳に到達した日（老齢基礎年金の受給資格期間を満たしていない人は除く）

(4)第3号被保険者の資格取得日・喪失日

　　国民年金第2号被保険者に主として生計を維持される20歳以上60歳未満の配偶者（以下「被扶養配偶者」という）は、被扶養配偶者となった日から次の各項に該当する日の前日まで第3号被保険者となります。

　①国民年金第2号被保険者となった日

　②配偶者が国民年金第2号被保険者でなくなった日

　③国民年金第2号被保険者の被扶養配偶者でなくなった

日の翌日

④60歳に到達した日（誕生日の前日）

⑤死亡した日の翌日

⑥国民年金法の適用を除外すべき特別の理由がある者として厚生労働省令で定める者となった日の翌日

●**第3号被保険者の届出が遅れた場合の取扱い**

①**資格取得の届出が遅れた場合**……第3号被保険者の期間は、資格取得の届出を行うことによって保険料納付済期間となります。第3号被保険者の資格取得の届出が遅れた場合は、届出日から2年間までさかのぼって保険料納付済期間とされます。ただし、やむを得ない事情があると認められた場合は、2年より前の期間についても、さかのぼって保険料納付済期間とされます。

②**資格喪失の届出が遅れた場合**……配偶者が転職したとき、配偶者と離婚したとき、自身の年収が増え配偶者の被扶養者に該当しなくなったときなどは、第3号被保険者の資格を喪失し、第1号被保険者となるため、第3号被保険者から第1号被保険者への種別変更の届出が必要です。この届出が遅れた場合、第1号被保険者期間として記録の訂正を行うと、届出日までの期間（本来は第1号被保険者期間であるにもかかわらず誤って第3号被保険者期間のまま記録されていた期間（「第3号不整合期間」という）は保険料未納期間となります。2年間までなら保険料をさかのぼって納めることにより保険料納付済期間とすることができますが、2年を過ぎている場合は時効により保険料が納められない期間（「時効消滅不整合期間」という）が生じます。平成25年7月1日から、この期間を届出により「特定期間」とし、いわゆる「カラ期間」として受給資格期間に算入する特例が実施されて

います。

(5)国民年金被保険者の資格取得・喪失の届出

　国民年金第1号被保険者に係る資格取得および資格喪失・種別変更は、本人が14日以内に市町村長に届出します。第2号被保険者の届出は、厚生年金保険の加入記録の報告により確認するため、本人からの届出は必要ありません。また、第3号被保険者の届出は、第2号被保険者が勤務する事業主等を経由して年金事務所へ健康保険等の被扶養者の届出と同時に併せて行います。

　なお、健康保険組合の場合は、健康保険の保険者が年金事務所に提出するしくみになっています。

第3節　保険料

1 保険料額

　1ヵ月につき16,520円（令和5年度）
　付加保険料1ヵ月につき400円

(1)保険料の納付期限

　保険料は毎月納付し、当月分の保険料を翌月末までに納めなくてはなりません。ただし、厚生年金保険料を負担する第2号被保険者やその被扶養配偶者である第3号被保険者は国民年金の保険料を負担しません（付加保険料も納付できません）。

(2)保険料の納付方法

　平成14年4月から、市町村が行っていた保険料の収納事務が廃止され、第1号被保険者の保険料は直接本人が金融機関などを通じて国へ納めることになりました。第1号被保険者は、厚生労働省から送付される保険料の納付書によ

り、金融機関などの窓口やコンビニエンスストア・一部ドラッグ・ストア、MMK設置店等で納付することになります。このほか電子納付やクレジットカードおよびスマートフォンアプリによる方法もあります。

　また、2年間(平成26年4月から)、1年間、半年間あるいはその年度の一定期間について保険料を前もって納付する前納制度や、被保険者が指定した金融機関や郵便局の口座から、月々の保険料を引き落とす口座振替制度などがあります。前納する保険料は、前納期間に応じて割引された額となります。口座振替による前納は、現金による納付に比べて割引率が高くなっています。

② 保険料免除制度

　国民年金保険料を納付するのが困難なときのために、保険料免除制度があります。申請し、承認されれば保険料の全額または一部の納付が免除され、被保険者の資格を失わずに老齢・障害・遺族年金を受ける権利が確保できるように設けられた制度です。

(1)法定免除

　生活保護法から生活扶助を受ける人、障害年金受給権者(2級以上)等は、事実の発生した日の属する月の前月から該当しなくなる日の属する月まで保険料の納付が免除されます。

(2)申請免除

　所得が少なく本人・世帯主・配偶者の前年所得(1月から6月までに申請する場合は前々年所得)が一定額以下の場合や失業した場合など、国民年金保険料を納めることが経済的に困難な場合は、本人が申請書を提出し、申請後に承認されると保険料の納付が免除になります。免除される額は、全額、4分の3、半額、4分の1の4種類があります。

申請免除の対象となる遡及期間は、平成26年4月から、保険料の徴収権について消滅時効が成立していない過去2年分までです。同様に、次の(3)学生納付特例制度、(4)50歳未満の納付猶予制度も、過去2年分までさかのぼって納付猶予されます。

(3)学生納付特例制度

　20歳以上の高等専門学校、短期大学、大学、大学院、専修学校などの学生や生徒が、本人の前年所得が一定の基準以下であるとき、または天災等により保険料を納めるのが困難な場合(新型コロナウイルス感染症の影響による場合も含む)は、保険料免除の申請をして承認されれば、保険料の納付が猶予されます。

　この納付を猶予された期間は、老齢基礎年金の受給資格期間に算入されますが、年金額には反映されません。

(4)50歳未満の納付猶予制度

　20歳以上50歳未満(平成28年7月より。平成28年6月までは20歳以上30歳未満)の人を対象とした制度で、本人・配偶者ともに一定基準以下の所得であるときや、天災等により保険料を納めるのが困難な場合(新型コロナウイルス感染症の影響による場合も含む)は保険料免除の申請をして承認されれば、保険料の納付が猶予されます。この納付を猶予された期間は、学生納付特例制度と同様、老齢基礎年金の受給資格期間に算入されますが、年金額には反映されません。

　なお、この制度は令和12年6月までの時限措置とされています。

(5)追納

　保険料の免除や猶予を受けた人は、申出により日本年金機構理事長の承認を得て、承認月前10年以内の免除や猶予された保険料の全部または一部を納付することができま

す。追納する保険料額は、免除や猶予された当時の保険料額に経過期間に応じて決められた額が加算されたものになります(前2年度の期間については追納加算額はありません)。

●免除期間に係る前納保険料の取扱い

　国民年金保険料を前納した後に、障害年金受給者になるなどして保険料免除(法定免除・申請免除)に該当するようになった場合の、免除該当日前に納めていた前納保険料の取扱いが、平成26年4月から次のように改善されました。

①それまで、免除該当日前に納めていた前納保険料は還付が認められませんでしたが、平成26年4月からは、前納保険料のうち、法定免除は免除該当日の属する月以降、申請免除は申請日の属する月以降の分について、還付が可能となりました。

②遡及して法定免除となった場合、これまでは免除該当日後に納付されていた保険料は、必ず還付することが必要でしたが、平成26年4月からは、本人が希望すれば、保険料を還付せず、納付した期間を保険料納付済期間として取扱うことができるようになりました。

③それまでは法定免除に該当した期間については、保険料を納付することができませんでしたが、平成26年4月からは、本人の申し出により、保険料の納付または前納を行うことが可能となりました。

(6)産前産後期間中の保険料免除

　平成31年4月より、第1号被保険者の産前産後期間中は保険料が免除されることになりました。具体的に、保険料が免除される期間は、出産日又は出産予定日の前月から4ヵ月間(多胎妊娠の場合は6ヵ月間)になります。産前産後の保険料免除を受けた期間は、老齢基礎年金の計算においては、保険料免除期間ではなく、保険料納付済期間として扱

われます。ただし、国民年金に任意加入中の人はこの産前産後期間の保険料免除の対象になりません。

　産前産後期間中の保険料免除を受ける場合の市区町村役場への申出は出産予定日の6ヵ月前から可能です。なお、当該免除期間中であっても、付加保険料を納付することや国民年金基金の加入員になることも可能です。

(7)特定事由に基づく特例保険料の納付

　平成28年4月より、行政側の事務処理誤り等といった特定事由により納めることができなかった保険料について、特例保険料として納付できるようになりました。

第4節　基礎年金(国民年金)制度のしくみ

　昭和61年4月1日から新年金制度が施行され、厚生年金保険における従来の定額部分相当額が、1階部分の基礎年金制度に組み込まれました。これにより、国年法および厚年法の支給要件に該当するときは、同一支給事由の1階部分の基礎年金と2階部分の厚生年金が併給されることになります。

　また、国年法の支給要件のみに該当した場合は、1階部分(基礎年金)のみが支給され、厚年法の支給要件のみに該当した場合は、2階部分(厚生年金)のみが支給されます。

【図】老齢給付（60歳台前半の老齢厚生年金が支給される場合の
モデルケース）

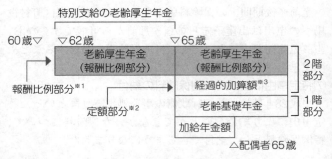

※1 平成12年改正で段階的に65歳支給となる
※2 平成6年改正で段階的に65歳支給となる
※3 老齢基礎年金の対象とならない厚生年金保険分

【図】障害給付（25年みなしのモデルケース）

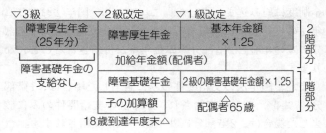

【図】遺族給付（25年みなしのモデルケース）

▽受給者40歳以上（被保険者等死亡）

2階部分	遺族厚生年金 平均標準報酬月額×7.5/1000×300月×3/4		
1階部分	遺族基礎年金	寡婦加算額	経過的寡婦加算額
	子の加算額	受給者65歳	

18歳到達年度末△

※寡婦加算額等は死亡した人の妻であった受給者に限り加算されます。経過的寡婦加算は昭和31年4月1日以前生まれ。

第5節　保険料負担と給付水準の調整

1 マクロ経済スライド

　平成16年10月改正前の年金水準の改定は、65歳未満に限る1人あたりの手取り賃金の伸び率（賃金スライド）と物価の伸びに応じた改定（物価スライド）の組み合わせによる年金水準の維持が柱となっていました。改正後は、賃金スライドおよび物価スライドに加えて、少子化、高齢化、経済情勢の変化を取り込んで、年金財政の社会全体の負担力に応じた調整ができるしくみになりました（マクロ経済スライド）。また、マクロ経済スライドが適用されている期間を「調整期間」といいます。将来、少子・高齢化が進行しても、社会的負担力に応じて賃金・物価スライド率を抑制し、財政の健全化を図る目的です。この場合の「抑制率」のことを「スライド調整率※」といいます。毎年の賃金・物価指数の変動に「スライド調整率」を加味した「改定率」を基本に年金額を改定しますが、この場合の改定率は1を下回らないものとしました。なお、賃金・物価指数が下落した場合は、誤差を行わず、賃金・物価指数の下落分のみでスライド改定を

行います。

※スライド調整率＝公的年金加入者の変動率×平均余命の伸び率

　平成26年度までは、過去、物価下落時に年金額を据え置いた（物価スライド特例措置）経緯から、特例的に、本来よりも高い金額で支払われていましたが（特例水準）、物価スライド特例措置は段階的に解消され、平成27年度の年金額改定よりマクロ経済スライドが発動されることとなり、本来水準の年金が支給されることになりました。平成28年度と平成28年度より0.1％減額となった平成29年度の年金額の改定においては、それぞれマクロ経済スライドの調整は行われないこととなりました。

　平成30年4月より、年金額改定ルールを見直すこととなり、マクロ経済スライドについて、年金の名目額が前年度を下回らない措置を維持しながら、賃金・物価上昇の範囲内で前年度までの未調整分を含めて調整することとなりました。平成30年度の年金額改定においても、物価変動率は0.5％上昇し、プラスとなったものの、名目手取り賃金変動率が0.4％下落したため、マクロ経済スライドも発動されず年金額は平成29年度から据え置かれることとなりました。

　令和元年度の年金額の改定においては、物価変動率は+1.0％、名目手取り賃金変動率は+0.6％となり、名目手取り賃金変動率+0.6％から、マクロ経済スライドによる調整率−0.2％と、平成30年度に発生し、繰り越されたスライド未調整分−0.3％が年金額の改定に加味され、前年度より0.1％の増額改定になりました。

　令和2年度の年金額は、物価変動率が+0.5％、名目手取り賃金変動率が+0.3％、マクロ経済スライドによる調整率が−0.1％となりましたので、結果、前年度と比べ+0.2％で

増額改定がされることになりました。

　令和3年4月は、賃金が物価より下落している場合においても、賃金の変動に応じて年金額を改定する仕組みを導入することとなり、物価変動率が0%、名目手取り賃金変動率が−0.1%となったため、0.1%減額改定されることになりましたが、マクロ経済スライド調整率は−0.1%で、未調整分として翌年度以降に繰り越されました。

　令和4年度については、物価変動率が−0.2%、賃金変動率が−0.4%となり、賃金変動率を元に0.4%減額改定されることとなり、マクロ経済スライドの調整率については令和3年度の未調整分−0.1%、令和4年度の−0.2%は調整されず、合わせて−0.3%が翌年度以降繰り越されることになります。

　令和5年度の年金額は「名目手取り賃金変動率」が2.8%のプラス、「物価変動率」が2.5%のプラスだったため、額改定ルールに基づき、新規裁定者(67歳以下の人)は賃金によって、既裁定者(68歳以上の人)については物価によって改定されることになりました。ただし、マクロ経済スライド調整率▲0.3%とキャリーオーバー分▲0.3%を差し引くこととなり、新規裁定者(67歳以下の人)は2.2%、既裁定者(68歳以上の人)は1.9%となりました。

２ 年金額の具体的改定方法

⑴通常の改定方法

　①新規受給者(68歳未満の給付) ……1人あたりの名目手取り賃金の変動率で改定されます。

　②既受給者(68歳以後の給付) ……物価の変動率で改定されます。

(2)調整期間中の改定方法

　①新規受給者……名目手取り賃金の伸び率（変動率）×スライド調整率

　②既受給者……物価の伸び率（変動率）×スライド調整率

(3)年金額

　令和5年度の年金額については、賃金・物価ともにプラスかつ賃金が物価を上回っているので、新規受給者の年金は賃金変動率で、既受給者の年金は物価変動率によって改定されることになりました。ただし、キャリーオーバー分も含めて調整されるので、令和4年度に比べ、新規受給者は＋2.2％、既受給者は＋1.9％となりました。

●老齢基礎年金の計算式

$$780,900円 \times 改定率^{※2} \times \frac{保険料納付月数等^{※1}}{480月}$$

※1　保険料免除等で調整された月を含む。

※2　令和5年度：新（67歳以下）＝1.018、既（68歳以上）＝1.015。新：795,000円、既：792,600円

※改定額に端数が生じた場合、満額の年金額については50円以上100円未満は100円に切り上げ、50円未満は切り捨てとなり、満額ではない納付月数等に応じた額については、50銭以上1円未満の端数は1円に切り上げ、50銭未満の端数は切り捨てとなります。

第6節　老齢基礎年金の支給要件

　老齢基礎年金は、保険料納付済期間または保険料免除期間を有する人が65歳に達したときに支給されます。ただし、保険料納付済期間と保険料免除期間を合わせて10年（120月）以上あることが必要です。

　なお、保険料納付済期間または保険料免除期間のいずれかの期間が単独で10年以上ある場合でも、受給資格期間

を満たしたことになります。

1 保険料納付済期間

保険料納付済期間とは次の期間をいいます。

①第1号被保険者期間、任意加入被保険者期間として保険料を納付した期間（申請免除で保険料の一部を納付した期間を除く）、第1号被保険者として産前産後免除を受けた期間

②第2号被保険者期間のうち20歳以上60歳未満の期間

③第3号被保険者期間

④昭和61年3月以前の国民年金の加入期間のうち保険料を納付した期間

⑤昭和36年4月から昭和61年3月の被用者年金（厚生年金保険、船員保険、共済組合）の加入期間のうち、20歳以上60歳未満の期間

2 保険料免除期間

保険料免除期間とは、国民年金の保険料を免除（全額・3/4・半額・1/4免除）された期間をいいます（産前産後免除を受けた期間を除く）。ただし、3/4・半額・1/4免除については、差額分保険料の納付が必要です。

3 合算対象期間（いわゆる「カラ期間」）

老齢基礎年金を受給するためには、原則として保険料納付済期間と保険料免除期間を合わせて10年以上あることが必要ですが、この期間が10年に満たない場合、合算対象期間を合わせて10年以上あれば、老齢基礎年金を受給することができます。

なお、合算対象期間は、受給資格期間には算入されます

が、年金額算定の対象にはなりません。主な合算対象期間は次の期間です。

①国民年金に任意加入することができた期間のうち、任意加入していなかった20歳以上60歳未満の期間

②第2号被保険者期間のうち、20歳前および60歳以後の期間

③昭和36年3月以前の被用者年金の加入期間

④日本人の海外居住期間のうち、昭和36年4月以降20歳以上60歳未満の期間

⑤厚生年金保険の脱退手当金の支給を受けた昭和36年4月以後の期間（昭和61年4月から65歳到達の前日までに保険料納付済期間または保険料免除期間がある場合に限る）

⑥国民年金の任意加入被保険者（昭和61年4月の新年金制度導入前のサラリーマンの妻・20歳以上の学生、昭和61年4月の新年金制度導入後の海外在住者など）が保険料を納付しなかった期間で60歳未満の期間のうち、次の期間

A　昭和36年4月から昭和61年3月までの期間

B　20歳以上の学生であった昭和61年4月から平成3年3月までの期間

C　昭和61年4月以後の期間（平成3年3月までの学生であった期間を除く）

4 第3号不整合期間がある場合の受給資格期間の特例

「第3号不整合期間」とは、配偶者の転職等で、本来は第3号被保険者資格を喪失したにもかかわらず、第1号被保険者資格への種別変更を行わず、誤って第3号被保険者期間のまま記録されていた期間をいいます。第3号不整合期間は、種別変更の届出により本来の第1号被保険者期間として記録が訂正されると未納期間となりますが、このう

ち、時効(2年)によって保険料納付ができない期間を「時効消滅不整合期間」といいます。

平成25年7月1日から、同日以降、記録の訂正が行われたことにより、時効消滅不整合期間が生じた場合は、最寄りの年金事務所に「特定期間該当届」を提出することにより、この期間が「特定期間」として確認され、保険料未納期間とならず、特定期間該当届の提出日以降、年金額には反映されない、いわゆる「カラ期間」として老齢基礎年金の受給資格期間に算入される特例が実施されています。

特定期間とされるのは昭和61年4月から平成25年6月までの期間に限られ、特定期間については、申し出を行い厚生労働大臣の承認を受ければ、平成27年4月から30年3月までの3年間、保険料の特例追納を行うことが可能となっていましたが、特例追納期間は終わり、本来の記録に基づいて年金が支給されることになりました。

※平成25年7月1日以降に記録の訂正が行われたことにより時効消滅不整合期間を有し、同日時点で、第3号不整合期間を保険料納付済期間として老齢基礎年金を受給している人(支給停止されている人を含む。「特定受給者」という)については、特例追納期間終了(平成30年3月)まで、それまでの受給額が維持されましたが、平成30年4月以後は、特例追納しなかった場合または特例追納が特定期間の一部の期間のみであった場合は、それまでの受給額の9割を限度として年金額が減額されます。

第7節　老齢基礎年金の額

1 支給年金額

老齢基礎年金の額は次により計算されます。ただし、学生納付特例期間、50才未満の納付猶予期間は、受給に必要な期間に算入されますが、年金額の算定対象期間には算

入されないことを前提として取り扱っています。

(1)40年間保険料納付済期間を有する人（令和5年度）

新規裁定者：795,000円　　　　既裁定者　：792,600円

(2)保険料納付済期間が480月未満の人（保険料未納期間または保険料免除期間を有する人）

【新規裁定者795,000円：既裁定者792,600円】×保険料納付済月数＋保険料免除月数[※1] ÷ 40 × 12（480月）[※2]

※1　保険料免除期間の月数は次のように換算されます。

	平成21年3月以前の保険料免除期間	平成21年4月以降の保険料免除期間
4分の1免除	月数×5/6	月数×7/8
半額免除	月数×2/3	月数×3/4
4分の3免除	月数×1/2	月数×5/8
全額免除	月数×1/3	月数×1/2

※2　昭和16年4月1日以前に生まれた人については、480月を加入可能年数×12に置き換えて計算します（下表）。

生年月日	加入可能年数（月数）
大正15年4月2日～昭和2年4月1日	25年（300月）
昭和2年4月2日～昭和3年4月1日	26年（312月）
昭和3年4月2日～昭和4年4月1日	27年（324月）
昭和4年4月2日～昭和5年4月1日	28年（336月）
昭和5年4月2日～昭和6年4月1日	29年（348月）
昭和6年4月2日～昭和7年4月1日	30年（360月）
昭和7年4月2日～昭和8年4月1日	31年（372月）
昭和8年4月2日～昭和9年4月1日	32年（384月）
昭和9年4月2日～昭和10年4月1日	33年（396月）
昭和10年4月2日～昭和11年4月1日	34年（408月）
昭和11年4月2日～昭和12年4月1日	35年（420月）
昭和12年4月2日～昭和13年4月1日	36年（432月）
昭和13年4月2日～昭和14年4月1日	37年（444月）
昭和14年4月2日～昭和15年4月1日	38年（456月）
昭和15年4月2日～昭和16年4月1日	39年（468月）

⑶ 付加保険料を納付した人（付加年金額）

付加保険料を納付した人が、老齢基礎年金の受給権を取得したとき、「200円×付加保険料納付期間月数」が老齢基礎年金と併せて支給されます。

⑷ 振替加算額

例えば、厚生年金加入者に生計維持されている配偶者は、昭和61年4月より前は国民年金の加入が任意であったため、未加入の人が多数いました。このため、昭和41年4月1日以前に生まれた人（昭和61年に20歳以上の人）の老齢基礎年金が低額になるのを防ぐため、厚生年金加入者の厚生年金（老齢または障害）の加給年金額を振り替えて被扶養配偶者の老齢基礎年金に加算する制度が設けられました。大正15年4月2日から昭和41年4月1日までに生まれた被扶養配偶者に、生年月日に応じて228,100円から15,323円の振替加算額が支給されます。なお、厚生年金保険の加給年金額の対象でない被扶養配偶者には振替加算はありません。

⑸ 年金生活者支援給付金

住民税非課税世帯で、本人の前年の年金収入＋その他の所得額の合計が781,200円（所得基準額※）以下の、65歳以上の老齢基礎年金の受給者に、老齢年金生活者支援給付金が支給されます。保険料納付済期間及び保険料免除期間を基礎に計算され、月額は①②の合計となります。

※令和4年10月～令和5年9月分の給付金の所得基準金額

● 令和5年4月以降の老齢年金生活者支援給付金の額の計算

① 保険料納付済期間に基づく額（月額）……5,140円×保険料納付済期間（月数）/480月（上限）

② 保険料免除期間に基づく額（月額）……11041円×保険料免除期間/480月※

※【新】保険料全額免除、4分の3免除、半額免除期間は11,041

円保険料4分の1、免除期間は5,520円、【既】保険料全額免除、4分の3免除、半額免除期間は11,008円、保険料4分の1免除期間は5,504円となります。

それぞれの計算結果に50銭未満の端数が生じたときは切り捨てて、50銭以上1円未満の端数が生じたときは1円に切り上げて計算されます。

なお、所得が逆転しないように所得基準を上回る一定の所得者（前述の所得基準額+10万円以下）に対しては、保険料納付済期間を基礎に計算された補足的老齢年金生活者支援給付金が支給されます。

② 支給停止および失権

①老齢基礎年金は、選択関係にある他年金を受給している間、支給停止となります。

②老齢基礎年金の受給権は、受給権者が死亡したときに消滅します。

③ 受給権者の申し出による支給停止

受給権者本人の申し出により、その翌月分から老齢基礎年金を受け取らないことが可能です。

支給停止の申し出の撤回はいつでも行うことができ、撤回申し出の翌月より支給開始されます。ただし、停止期間をさかのぼっての再開は行われません。また、停止期間は繰下げ制度とは異なり、再開後の増額はありません。なお、一部（一定額）の停止はできません。

第8節　老齢基礎年金の支給繰上げ・繰下げのしくみ

■ 老齢基礎年金の支給繰上げ

　老齢基礎年金の受給資格期間を満たしている人は、本人の希望により支給開始を60歳から64歳(65歳到達前)に繰上げることができます。この繰上げをした場合は、繰上げる期間に応じて減額された年金額を一生涯受給することになります。

(1)老齢基礎年金の全部の支給繰上げ請求の要件

　老齢基礎年金は、60歳以上65歳未満の間にあって、次の要件のいずれも満たしている人が支給繰上げを請求したときに、本来65歳に到達した月の翌月分から支給されるべきところ、請求日の翌月分から支給されます。

　①請求日の前日までに、老齢基礎年金の受給資格期間要件を満たしていること

　②60歳以上65歳未満の間の請求であること

　③国民年金被保険者(任意加入被保険者)である間の請求でないこと

　④老齢厚生年金の支給繰上げを請求できる(例:昭和28年4月2日以降生まれの男性)ときは、老齢厚生年金についても同時に支給繰上げを請求すること

(2)老齢基礎年金を繰り上げた場合の給付調整

　老齢基礎年金を繰上げて受給すると、繰上げ受給後に権利の発生する次の年金の支給を受けられなくなります。

　①事後重症制度による障害基礎年金・障害厚生年金

　②公的年金全制度の基準障害による障害年金およびその他障害による障害年金の改定

　③寡婦年金

④遺族厚生年金受給の場合は、65歳まではいずれか一方が支給停止(⇨P.147)

(3)支給年金額

支給繰上げを請求した場合の支給年金額は、老齢基礎年金の請求日の年齢に応じて月単位で減額されます。なお、減額する額に1円未満の端数が生じたときは、50銭未満は切り捨て、50銭以上1円未満は1円に切り上げられます。

●支給額

老齢基礎年金の額※×{1−(0.4%×支給繰上げ月数)}

※1号・3号、任意加入被保険者期間および第2号被保険者期間のうち「保険料納付済期間」「保険料免除期間」および「保険料納付済期間等にみなされる期間」に係るもの

【表2】老齢基礎年金の繰上げ支給の減額率表(単位:%)

	0月	1月	2月	3月	4月	5月	6月	7月	8月	9月	10月	11月
60歳	24.0	23.6	23.2	22.8	22.4	22.0	21.6	21.2	20.8	20.4	20.0	19.6
61歳	19.2	18.8	18.4	18.0	17.6	17.2	16.8	16.4	16.0	15.6	15.2	14.8
62歳	14.4	14.0	13.6	13.2	12.8	12.4	12.0	11.6	11.2	10.8	10.4	10.0
63歳	9.6	9.2	8.8	8.4	8.0	7.6	7.2	6.8	6.4	6.0	5.6	5.2
64歳	4.8	4.4	4.0	3.6	3.2	2.8	2.4	2.0	1.6	1.2	0.8	0.4

※昭和37年4月1日以前生まれの人の繰上げ受給の減額率は1月0.5%となります。

2 老齢基礎年金の一部の支給繰上げ

老齢厚生年金の受給資格を満たしている人が60歳代前半の期間に受給できる、特別支給の老齢厚生年金の定額部分の支給開始年齢が段階的に引き上がることに伴い(⇨P.119【表2】)、その対象に当たる人は、定額部分の支給開始年齢前に請求することにより、特別支給の老齢厚生年金の定額部分(繰り上げた月数に応じた減額率で減額された額)と老齢基礎年金の一部(通常の繰上げ減額率と定額部分の減額率で減

額された額)を併せて受給することができます。

❸ 老齢基礎年金の支給の繰下げ

老齢基礎年金の受給資格期間を満たしている人は、65歳到達時に老齢基礎年金の請求を行わず、66歳に達した日以後の希望したときから、支給繰下げの申し出をすることができます。この繰下げをした場合は、繰下げる期間に応じて増額された年金額を一生涯受給することになります。

第4章

(1)申し出の要件

次のすべての要件を満たしているときに、支給繰下げの申し出ができます。繰下げ後の老齢基礎年金は、申し出のあった月の翌月分から支給されます。

①老齢基礎年金の受給資格期間要件を満たしていること
②66歳に達する前に老齢基礎年金を請求していないこと
③65歳に達したとき、または65歳に達した日以後に、次の受給権者になっていないこと
 ア 障害基礎年金または遺族基礎年金
 イ 障害厚生年金または遺族厚生年金
 ウ 障害共済年金または遺族共済年金
 エ その他旧法の障害または遺族年金
④65歳以後に老齢基礎年金の受給権を取得した場合は、受給権を取得した後1年を経過した後に申し出ること
令和4年4月より繰下げが75歳まで可能(昭和27年4月1日以前生まれの場合は70歳まで繰下げ可能)になり、75歳までに繰下げの申し出を行うと、申し出を行った月の翌月分から支給されます。75歳を超えてから繰下げの申し出を行った場合は、75歳到達時点で繰下げの申し出があったものとみなされます。また、令和5年4月以降、70歳到達後に繰下げの申し出をせず、遡及して年金を受給する場合はその

5年前に繰下げの申し出を行ったものとみなされ、5年前の増額率で支給されます。

(2)支給年金額

本来支給(65歳以上)の年金額に、受給権発生日から経過した年数に応じて次の率(付加年金も同率)を乗じた額が加算された額になります。

加算額は、平成13年度以降に60歳に達する人(昭和16年4月2日以後に生まれた人)から支給の繰下げが月単位で認められ、増額率は1月につき0.7%、最高10年(120月)で84%の加算となります。

なお、加算する額に1円未満の端数が生じた場合、50銭未満は切り捨て、50銭以上1円未満は1円に切り上げられることになっています。

【表3】老齢基礎年金の繰下げ支給の増額率表(単位：%)

	0月	1月	2月	3月	4月	5月	6月	7月	8月	9月	10月	11月
66歳	8.4	9.1	9.8	10.5	11.2	11.9	12.6	13.3	14.0	14.7	15.4	16.1
67歳	16.8	17.5	18.2	18.9	19.6	20.3	21.0	21.7	22.4	23.1	23.8	24.5
68歳	25.2	25.9	26.6	27.3	28.0	28.7	29.4	30.1	30.8	31.5	32.2	32.9
69歳	33.6	34.3	35.0	35.7	36.4	37.1	37.8	38.5	39.2	39.9	40.6	41.3
70歳	42.0	42.7	43.4	44.1	44.8	45.5	46.2	46.9	47.6	48.3	49.0	49.7
71歳	50.4	51.1	51.8	52.5	53.2	53.9	54.6	55.3	56.0	56.7	57.4	58.1
72歳	58.8	59.5	60.2	60.9	61.6	62.3	63.0	63.7	64.4	65.1	65.8	66.5
73歳	67.2	67.9	68.6	69.3	70.0	70.7	71.4	72.1	72.8	73.5	74.2	74.9
74歳	75.6	76.3	77.0	77.7	78.4	79.1	79.8	80.5	81.2	81.9	82.6	83.3
75歳	84.0	84.0	84.0	84.0	84.0	84.0	84.0	84.0	84.0	84.0	84.0	84.0

※昭和27年4月1日以前生まれの人は最大70歳0か月まで繰下げ可能で、増額率は最大42%。

第9節　障害基礎年金

■1 障害基礎年金の受給資格の要件

(1)被保険者期間および保険料納付済期間の要件

　次の要件すべてに該当する場合は、障害基礎年金を受給できます。

　①障害の原因となった病気やケガの初診日に被保険者であること（ただし、60歳以上65歳未満で日本国内在住の人は、被保険者でなくなった後の病気やケガが原因でも受給できます）

　②保険料納付済期間（保険料免除期間を含む）が加入期間（初診日の属する月の前々月以前の被保険者期間）の3分の2以上あること

　③障害認定日に、障害の程度が政令に定める障害等級1級もしくは2級に該当していること

※障害認定日……傷病の初診日から1年6ヵ月を経過した日（その前に治癒または症状が固定したときは、その日）
※被保険者資格取得直後に初診日がある人は、保険料未納期間がないので、初診日の属する月の前々月以前に被保険者期間がない場合でも支給要件に該当します。

●保険料納付要件の経過措置

　令和8年3月31日までは、65歳未満に初診日のある傷病に係る障害については、保険料納付済期間と免除期間を合わせた期間が被保険者期間の3分の2に満たない場合でも、初診日の属する月の前々月までの直近の1年間（初診日に被保険者でない人は、初診日の属第4節　国民年金する月の前々月以前の直近の被保険者期間に係る月までの1年間）に保険料未納期間がなければよいことになっています。

(2)第3号不整合期間がある場合の受給資格期間の特例

　平成25年7月1日から、同日以降、記録の訂正が行われた

ことにより、第3号不整合期間のうち、時効(2年)によって
保険料納付ができない時効消滅不整合期間が生じた場合は、
最寄りの年金事務所に「特定期間該当届」を提出することに
より、この期間が「特定期間」として確認され、保険料未納
期間とならず、特定期間該当届の提出日以降、障害基礎年
金の受給資格期間に算入される特例が実施されています。

　※平成25年7月1日以降に記録の訂正が行われたことにより時効
　　消滅不整合期間を有し、同日時点で、第3号不整合期間を保険
　　料納付済期間として障害基礎年金を受給している人(支給停止さ
　　れている人を含む)については、同日以降もそれまでの受給額が
　　維持されます。

●特定期間該当届の効果の経過措置

　特定期間該当届の効果は原則として、その提出日以降か
ら生じますが、初診日が次の期間にある場合は経過措置と
して、特定期間該当届の提出が、その初診日以後であって
も、初診日の前日にさかのぼって時効消滅不整合期間を特
定期間とみなして、障害基礎年金等の受給資格期間に算入
します。

　①初診日以後に記録の訂正が行われた場合……平成25
　　年6月26日～平成30年3月31日の間

　②初診日より前に記録の訂正が行われた場合……平成
　　25年6月26日～平成25年9月30日の間

(3)障害基礎年金の支給要件の特例

　障害年金の支給原因となっていた障害の程度が軽くな
り、障害年金を受ける権利を平成6年11月9日(共済は平成
6年11月16日)前に失っている人のその障害が悪化し、65歳
までに再び障害等級に定める程度の障害の状態になったと
き、その人が65歳になる日の前日までに請求した場合は、
障害基礎年金が支給されます。

(4)障害認定基準

　障害の程度を認定する場合の基準となるものは、国年法施行令第4条の6および各制度の施行令別表に規定されています。その障害の状態の基本は次の通りです。

①1級……身体の機能の障害または長期にわたる安静を必要とする病状が、日常生活の用を弁ずることを不能ならしめる程度のものとします。これらの程度とは、他人の介助を受けなければ、ほとんど自分の用を弁ずることができない程度のものです。たとえば、身のまわりのことはかろうじてできるが、それ以上の活動はできないもの、または行ってはいけないもの、すなわち、病院内の生活でいえば、活動の範囲が概ねベッド周辺に限られるものであり、家庭内の生活でいえば、活動の範囲が概ね病室（自室）内に限られるものです。

②2級……身体の機能の障害または長期にわたる安静を必要とする病状が、日常生活が著しい制限を受けるか、または日常生活に著しい制限を加えることを必要とする程度のものとします。これらの程度とは、必ずしも他人の介助を必要としないが、日常生活は極めて困難で、労働により収入を得ることができない程度のものです。たとえば、家庭内の極めて温和な活動はできるが、それ以上の活動はできないもの、または行ってはいけないもの、すなわち、病院内の生活でいえば、活動の範囲が概ね病棟内に限られるものであり、家庭内の生活でいえば、活動の範囲が概ね家屋内に限られるものです。

③3級（障害厚生年金・障害共済年金のみ）……傷病が治癒したものにあっては、労働が著しい制限を受けるか、または労働に著しい制限を加えることを必要とする程度

のものとします。傷病が治癒しないものにあっては、労働が制限を受けるか、または労働に制限を加えることを必要とする程度のものとします(障害手当金に該当する障害の程度であっても、未治癒の状態であれば障害厚生年金の3級に該当します)。

② 障害基礎年金と併給される年金

65歳以上の障害基礎年金と併給される年金は、次のとおりです。
①障害厚生年金・障害共済年金(同一疾病に限る)
②老齢厚生年金・退職共済年金
③遺族厚生年金・遺族共済年金

③ 事後重症による障害基礎年金

(1)事後重症による障害基礎年金とは

障害認定日において障害の程度が軽かった人が、65歳になる日の前日までに、障害等級(1級・2級)に該当した場合は、65歳になる日の前日までに請求したときに、請求日の属する月の翌月から障害基礎年金が支給されます。

(2)障害厚生年金等が改定されたことに伴う事後重症制度の取扱い

障害厚生年金等が3級から1級または2級に改定された場合は、障害厚生年金等に係る障害年金の改定請求日に事後重症による障害基礎年金の請求があったものとみなして、その翌月から障害基礎年金が支給されます。

④ 併合して初めて該当する障害基礎年金

障害等級(1級・2級)に満たない軽度の障害を複数もつ人が、基準障害※の障害認定日以後に、基準障害と「その他

の軽度の障害」を併合して初めて障害等級の2級以上に該当した場合は、障害基礎年金が支給されます。

※基準障害とは、先に発生している2級未満の障害から順番に併合し、初めて2級以上になったときの一番新しい障害をいいます。
なお、基準障害の原因となった傷病を「基準傷病」といいます。
保険料納付要件は、新たな傷病の初診日の前日において判断されます。
基準障害による障害基礎年金は、請求のあった日の翌月から支給されます。

5 初診日が20歳前にある傷病に係る障害基礎年金

(1)支給要件

　20歳前に初診日がある傷病に係る障害基礎年金の支給要件には次の2つがあります。なお、本人の所得により年金額の全額もしくは半額が支給停止となる場合があります。

　①20歳または障害認定日から支給される障害基礎年金
　　……初診日が20歳前にある障害で、障害認定日（障害認定日が20歳前である場合は、20歳になったとき）において障害等級（1級または2級。以下同じ）に該当するときに支給されます。

　②事後重症制度……初診日が20歳前にある障害で、障害認定日に障害等級に該当しなかった人が65歳になる日の前日までに障害等級に該当し、65歳になる日の前日までに請求することにより、障害基礎年金が支給されます。

(2)障害認定日および受給権発生日

　この障害基礎年金の受給権の発生は、次によります。
　①障害認定日が20歳前で、20歳到達日以前に障害等級に該当したとき……20歳到達日
　②障害認定日が20歳以後で障害認定日に障害等級に該

当していたとき……障害認定日

③障害認定日が20歳以後で障害認定日の翌月以降に障害等級に該当したとき……請求日

6 障害基礎年金の支給額

(1)障害基礎年金の額(令和5年度)

①**1級**…新：993,750円(2級の額×1.25)※　　既：990,750円

②**2級**…新：795,000円　　既：792,600円

※障害厚生年金と異なり、2級の端数処理後の額に1.25を乗じた額になります。

(2)障害基礎年金の子の加算額(令和5年度)

①第1子～2子……1人につき228,700円

②第3子以降……1人につき76,200円

※平成23年4月より、障害基礎年金の子の加算は受給権発生時に生計を維持している子がいる場合のみならず、受給権発生後に出生等により要件を満たすようになった場合にも、請求により可能となりました。ただし、同一の子を対象とした障害年金の子の加算と、配偶者に支払われる児童扶養手当は調整されます。子の加算が優先的に支給され、児童扶養手当は子の加算を差し引いた差額分として支給されます。令和3年3月からはひとり親家庭も同様の取り扱いとなりました。

※本人の前年の所得が472万1千円(扶養親族の数に応じて増額)以下の障害基礎年金受給者に対して、障害年金生活者支援給付金が支給されます。令和5年度は、障害等級2級の場合は月額5,140円、障害等級1級の場合は月額6,425円が支給されます。

7 特別障害給付金

国民年金に任意加入していなかったことにより、障害年金の支給要件を満たさず、障害基礎年金等を受給していない障害者を対象とした「特別障害給付金」制度があります。

(1)対象となる人

当時、任意加入していなかった期間内に初診日がある病

気やケガなどが原因で、現在一定以上(障害基礎年金の1級・2級相当)の障害の状態にある人で、下記に当てはまる人。

①昭和61年3月以前に国民年金に任意加入していなかった、たとえば、厚生年金保険等に加入していた人の配偶者であった人

②平成3年3月以前に国民年金に任意加入していなかった昼間部の学生であった人

(2)給付金の支給額(令和5年)

①障害基礎年金の1級に相当する人……月額53,650円

②2級に相当する人……月額42,920円

給付金の支給を受けた人は、申請により国民年金保険料の免除を受けることができます。

※対象となる学生の範囲など、制度の詳細については、お住まいの市区町村役場または年金事務所までお問い合わせください。

8 障害基礎年金の額の改定

(1)障害基礎年金の保険者による改定

厚生労働大臣は、定時の診断書提出時または職権により、従前の等級以外の等級に該当すると認められる場合、障害基礎年金の額を改定することができます。

(2)障害基礎年金の受給権者による請求に基づく改定

①障害基礎年金の受給権者は、厚生労働大臣に対して、障害が増進したことによる障害基礎年金の額の改定を請求することができます。

②前項の請求は、受給権を取得した日または診査を受けた日から起算して1年を経過した日以後でなければ行うことができません。ただし、平成26年4月からは、人工臓器等の装着などにより、明らかに障害の程度が増進したことが確認できる場合には、1年を待たずに

請求することができるようになりました。

9 失権

受給権者が次のいずれかに該当したとき、障害基礎年金の受給権は消滅します。

①死亡したとき[※1]

②障害の状態が、障害等級に該当しなくなったとき[※2]

[※1] 受給権者が死亡した月まで支給されます。死亡した月の年金給付は、未支給年金として遺族に支給されます。

[※2] 障害の程度が軽くなり、障害等級（3級）に該当しなくなった日から起算して3年を経過したとき、または65歳に達したときのうち、いずれか遅い日に障害基礎年金の受給権を失います。

10 支給停止

受給権者が次のいずれかに該当したとき、障害基礎年金は支給停止となります。

①同一の傷病につき労働基準法により障害補償が受けられるとき[※1]

②障害の状態が、障害等級に該当しなくなったとき[※2]

[※1] 障害基礎年金は、同一の傷病につき労働基準法により障害補償が受けられるときは、6年間支給停止となります。

[※2] 支給を停止されている障害基礎年金は、原因となっている傷病が悪化して、再び障害等級（1級・2級）に該当する場合は、受給権者の請求により停止が解除されます。

第10節　遺族基礎年金

1 支給要件

(1)被保険者期間および保険料納付済期間の要件

国民年金の被保険者または被保険者であった人で、次の

①②③の要件のいずれかに該当する人が死亡した場合に、死亡した人によって生計を維持されていた子のある配偶者または子がいるときは、その子のある配偶者または子に遺族基礎年金が支給されます。

※遺族基礎年金を受給できる子とは、死亡した人の子であることが必要です。

①老齢基礎年金の受給権者（受給資格期間が原則25年以上ある場合に限定）であること

②老齢基礎年金の受給資格期間が25年（原則）以上あること

③死亡日の前日において、死亡日の属する月の前々月以前に被保険者期間がある場合は、その被保険者期間の3分の2以上が保険料納付済期間と保険料免除期間で占められていること（経過措置あり⇨P.101）。ただし、被保険者資格喪失後に死亡した場合は、60歳以上65歳未満であって国内居住者に限られます。

●支給要件の特例（期間の短縮）

　平成29年8月以降、老齢基礎年金は、受給資格期間が25年から10年に短縮されたため、受給資格期間が10年あれば受給が可能となりましたが、①の老齢基礎年金の受給権者の死亡や②の受給資格期間を満たした人の死亡による遺族基礎年金については、これまで通り、合計25年の保険料納付済期間、保険料免除期間、合算対象期間が必要で、25年に満たない場合は次の①〜③いずれかの要件を満たした人が亡くなった場合に支給されます。

①昭和5年4月1日以前生まれの人の短縮措置……大正15年4月2日から昭和5年4月1日生まれで、保険料納付済期間、保険料免除期間、合算対象期間を合わせた期間が下記の期間以上ある人。

生年月日	資格期間
大正15年4月2日〜昭和2年4月1日	21年
昭和2年4月2日〜昭和3年4月1日	22年
昭和3年4月2日〜昭和4年4月1日	23年
昭和4年4月2日〜昭和5年4月1日	24年

②被用者年金制度加入期間のみの短縮措置……昭和31年4月1日以前生まれで、被用者年金(厚生年金保険、船員保険、共済組合)の加入期間のみで下記の期間以上ある人。

生年月日	資格期間
昭和27年4月1日以前	20年
昭和27年4月2日〜昭和28年4月1日	21年
昭和28年4月2日〜昭和29年4月1日	22年
昭和29年4月2日〜昭和30年4月1日	23年
昭和30年4月2日〜昭和31年4月1日	24年

③中高齢者の特例……昭和26年4月1日以前生まれで、40歳(女子・坑内員および船員は35歳)以後、厚生年金被保険者の種別(⇨P.111)のうちの第1号厚生年金の被保険者期間が下記の期間以上ある人。

生年月日	男性40歳・女性35歳 以後の加入期間
昭和22年4月1日以前生まれ	15年
昭和22年4月2日〜昭和23年4月1日	16年
昭和23年4月2日〜昭和24年4月1日	17年
昭和24年4月2日〜昭和25年4月1日	18年
昭和25年4月2日〜昭和26年4月1日	19年

※この期間のうち、7年6ヵ月以上が厚生年金保険の第4種被保険者期間または船員保険の任意継続被保険者期間以外の厚生年金保険の被保険者期間であることが必要です。
※船員の場合は、10年以上が船員保険の任意継続被保険者期間以

外の厚生年金保険の被保険者期間であることが必要です。

●遺族基礎年金の支給要件の経過措置

令和8年3月31日までは、65歳未満の人が死亡日の前日において、死亡日の属する月の前々月までの直近の1年間に保険料未納期間がなければ支給されます。なお、死亡日に被保険者でない人は、死亡日の属する月の前々月以前における直近の被保険者であった月までの1年間に、保険料未納期間がないことが必要です。

(2)第3号不整合期間がある場合の受給資格期間の特例

障害基礎年金の受給資格の要件と同様（⇨P.91）、平成25年7月1日から、同日以降、記録の訂正が行われたことにより、第3号不整合期間のうち、時効(2年)によって保険料納付ができない時効消滅不整合期間が生じた場合は、最寄りの年金事務所に「特定期間該当届」を提出することにより、この期間が「特定期間」として確認され、保険料未納期間とならず、特定期間該当届の提出日以降、遺族基礎年金の受給資格期間に算入される特例が実施されています。

※平成25年7月1日以降に記録の訂正が行われたことにより時効消滅不整合期間を有し、同日時点で、第3号不整合期間を保険料納付済期間として遺族基礎年金を受給している人については、同日以降もそれまでの受給額が維持されます。

2 遺族の範囲

(1)遺族の範囲

遺族基礎年金を受給できる遺族は、死亡の当時、死亡した人に生計を維持されていた配偶者または子です。

①配偶者(子のある配偶者に限る。事実婚関係にある場合を含む)
……夫または妻が死亡した当時、②のア、イに該当する子と生計を同一にしていた場合に限ります。

②子（婚姻していない子に限る）

　　ア　18歳に達した日以後の最初の3月31日が到来していない子

　　イ　障害等級1級・2級程度の障害の状態にある20歳未満の子

　配偶者が遺族基礎年金を受けている間、または生計を同一にする父や母がいる間は、子に対する遺族基礎年金は支給停止となります。

　※平成26年4月から、遺族基礎年金を受給できる遺族の範囲が広がっています。
　（子のある妻または子→子のある配偶者または子）
　遺族基礎年金の支給要件の男女差を解消するために、平成26年4月以後の死亡を対象に、国民年金に加入していた配偶者（妻）が死亡した場合は、子のある夫にも遺族基礎年金が支給されることになりました。

⑵死亡した人に生計を維持されていたと認められる人の収入基準

　遺族基礎年金では、遺族の前年の収入額（前年の収入額が確定していないときは前々年の収入）が850万円未満、または所得が655万5千円未満である場合、死亡した人によって生計を維持されていた遺族と認められます。

③ 遺族基礎年金の支給額

　遺族基礎年金の年金額は、基本年金額に子の数に応じた加算額を加算した額になります。

⑴基本年金額（令和5年度）

　新：795,000円　　既：792,600円

⑵加算額

　受給権者が子のみの場合、第1子の加算はありません。

　①第1子……228,700円

②第2子……228,700円

③第3子以降（1人につき）……76,200円

【表7】遺族基礎年金額早見表（配偶者と子に受給権がある場合）

	子の人数	基本額	加算額	合計額
新	1人	795,000	228,700	1,023,700
	2人	795,000	457,400	1,252,400
	3人	795,000	533,600	1,328,600
既	1人	792,600	228,700	1,021,300
	2人	792,600	457,400	1,250,000
	3人	792,600	533,600	1,326,200

【表8】遺族基礎年金額早見表（子のみに受給権がある場合）

子の人数	基本額	加算額	合計額
1人	795,000	－	795,000
2人	795,000	228,700	1,023,700
3人	795,000	304,900	1,099,900

※障害年金生活者支援給付金と同じ所得基準額（⇨P.96）以下の遺
族基礎年金受給者に対して、遺族年金生活者支援給付金が支給
されます。令和5年度は月額5,140円が支給されます。

4 年金額および加算額の改定

受給権を有する子の数に増減があった場合は、その翌月
分から遺族基礎年金の額および加算額が改定されます。

5 遺族基礎年金の失権および支給停止

(1)失権

次のいずれかに該当したときは、遺族基礎年金の受給権
を失います。

①死亡したとき

②婚姻したとき（事実婚を含む）

③直系血族または直系姻族以外の人の養子となったとき

（事実上の養子縁組を含む）

④離縁によって死亡した被保険者または被保険者だった人の子でなくなったとき

⑤子が18歳に達した日以後の最初の3月31日が終了したとき（障害等級1・2級の状態にある20歳未満の子を除く）

⑥障害を事由に受給権者となっている子が、18歳に達した日以後の最初の3月31日が終了した後、障害の状態でなくなったとき

⑦障害を事由に受給権者となっている子が、20歳に達したとき

(2)妻または夫が受給権者である場合の失権

前記①から③までのいずれかに該当したとき、または受給権者である加算額対象者の子がすべていなくなったとき、妻または夫の受給権は失権します。

(3)支給停止

次に該当したときは支給停止となります。

①労働基準法による遺族補償が受けられるとき（6年間支給停止されます）

②選択関係にある他の年金を受給しているとき

③受給権者の所在が1年以上明らかでないとき

※受給権者の所在が1年以上にわたり明らかでないときは、他の受給権者の申請により支給が停止されます。支給停止された妻は、いつでも支給停止の解除を申請することができます。

第11節　国民年金の独自給付

国民年金の独自給付として寡婦年金と死亡一時金があります。どちらも国民年金のみの給付制度で、厚生年金保険にはありません。

寡婦年金と死亡一時金の両方を受けられる場合は、支給

される人の選択によって、どちらか一方が支給されます。

1 寡婦年金

(1)支給要件

寡婦年金は、カラ期間を除き、国民年金第1号被保険者期間(65歳未満の国民年金任意加入被保険者期間を含む)だけで老齢基礎年金の受給資格を満たしている夫が死亡した場合に、夫との婚姻関係が10年以上継続し、主として夫に生計を維持されていた妻(事実婚を含む。以下同じ)に支給されます。

ただし、死亡した夫が、老齢基礎年金や障害基礎年金の支給を受けたことがある場合、妻が繰上げ支給の老齢基礎年金を受けていた場合は、寡婦年金は支給されません。

※妻の生計維持関係を認定する場合の収入要件は、遺族基礎年金と同じです。

(2)支給期間

寡婦年金の支給期間は、夫の死亡月の翌月(妻が60歳未満の場合は、妻が60歳に到達した月の翌月)から、妻が次に該当するときまでとなります。

　①65歳に到達したとき

　②死亡したとき

　③婚姻したとき、または直系血族・姻族以外の養子となったとき

(3)支給額

寡婦年金の支給額は、夫が受けることのできた老齢基礎年金額〔死亡日の属する月の前月までの第1号被保険者期間(任意加入被保険者期間含む)としての保険料納付済期間および保険料免除期間(学生納付特例期間、納付猶予期間を除く)に基づき老齢基礎年金額を算出する規定で計算した額〕の4分の3に相当する額です。

2 死亡一時金

(1)支給要件

　死亡日の前日において、第1号被保険者期間に係る保険料納付済期間と一部免除期間※を合算して3年以上ある人が、老齢基礎年金または障害基礎年金のいずれの支給も受けずに死亡した場合に、その遺族(配偶者、子、父母、孫、祖父母、兄弟姉妹)に支給されます。

　※4分の1免除期間は4分の3月、半額免除期間は2分の1月、4分の3月免除期間は4分の1月で月数を計算します。

　ただし、次の場合は除かれます。

①遺族基礎年金の受給権者となる人がいるとき(ただし、受給権者となった月に失権した場合や、父または母と生計を同じくするため遺族基礎年金の支給が停止されたことにより、遺族基礎年金を1ヵ月も受ける人がいないときは除きます)

②死亡した人の死亡日に胎児だった子の出生により、その子または妻が遺族基礎年金の受給権を取得したとき(ただし、遺族基礎年金受給権者となる子が、父または母と生計を同じくするため遺族基礎年金の支給が停止されているときは除きます)

③妻が寡婦年金を選択したとき

(2)遺族の範囲

　死亡した人と生計を同じくする次の人(順位も次の通り)のうち1人に支給されます。

①配偶者、②子、③父母、④孫、⑤祖父母、⑥兄弟姉妹

(3)支給額

　【表9】に掲げる金額が支給されます。

　なお、付加保険料を3年以上納付した場合は、8,500円が加算されます。

【表9】死亡一時金の支給額

保険料納付済期間に保険料免除期間※を加えた期間月数	支給額
36月以上180月未満	120,000円
300月以上360月未満	220,000円
180月以上240月未満	145,000円
360月以上420月未満	270,000円
240月以上300月未満	170,000円
420月以上	320,000円

※一部免除期間を有する人は、保険料納付済期間月数に次の月数を合算します。①半額免除期間月数×1/2、②3/4免除期間月数×1/4、③1/4免除期間月数×3/4

第12節　短期在留外国人に支給する脱退一時金

1 支給要件

　国民年金保険料を納付した期間が6ヵ月以上(複数制度の期間通算は行わない)ある人または厚生年金保険の被保険者期間が6ヵ月以上ある人で日本国籍を有しない人が、被保険者資格喪失後に帰国し、帰国後2年以内に請求があったとき、保険料納付済期間等に応じた脱退一時金が支給されます(⇨P.108【表9】)。

　なお、公布日(平成6年11月9日)に日本に住所を有していない人(公布日前に帰国した人または日本国籍を離脱している海外居住者)で、かつ公布日に被保険者でない人には適用されませんが、公布日以降に再び日本に住所を有したときや、被保険者(第1号に限る)となったときは、脱退一時金の支給対象とされます。

　ただし、次のいずれかに該当する場合は支給されません。

①日本国内に住所があるとき

②次に掲げる障害・遺族給付の受給権者となったことが
あるとき

ア　障害基礎年金、裁定替分遺族基礎年金、特例老齢
年金

イ　旧法障害年金、母子年金、準母子年金および老齢
福祉年金

③最後に国民年金被保険者資格を喪失した日（資格喪失日
に日本国内に住所があるときは、住所を日本国内に有しなくな
った日）から2年以上経過しているとき

　外国の類似する年金制度（政令に定める年金）に加入してい
るときは社会保障協定により通算できるので、一時金受給
は注意が必要です。

２ 支給額

　脱退一時金の額は、最後に保険料を納付した月を基準月
とし、その基準月により保険料を納付した期間に応じた額
となります。

【表10】脱退一時金の支給額（基準額が令和5年の場合）

国民年金第1号被保険者期間に係る保険料納付済期間月数と免除期間月数※	基準月が令和5年度のときの支給額	国民年金第1号被保険者期間に係る保険料納付済期間月数と免除期間月数※	基準月が令和5年度のときの支給額
6月以上12月未満	49,560	36月以上42月未満	297,360
12月以上18月未満	99,120	42月以上48月未満	346,920
18月以上24月未満	148,680	48月以上54月未満	396,480
24月以上30月未満	198,240	54月以上60月未満	446,040
30月以上36月未満	247,800	60月以上	495,600

※一部免除期間を有する人は、保険料納付済期間月数に次の月数
を合算します。①半額免除期間月数×1/2、②3/4免除期間月
数×1/4、③1/4免除期間月数×3/4

第1節　制度の概要（目的）

　厚生年金保険は、労働者の老齢、障害または死亡について保険給付を行い、労働者とその遺族の生活の安定と福祉の向上に寄与することを目的としています。

　平成27年9月までの厚生年金保険は会社員等の2階部分の年金制度で、一方、公務員や私立学校の教職員は2階部分の年金制度として共済組合等の共済年金に加入していましたが、平成27年10月の被用者年金一元化によって、会社員等だけでなく、公務員や私立学校の教職員も厚生年金保険に加入することになりました。年金制度の官民格差の是正が行われたことになり、両者の制度的差異は基本的には厚生年金保険に合わせることによって解消されたことになりました。ただし、一元化前から既に共済年金を受給している人は当該共済年金を受給し続けるなど、各種経過措置が設けられています。例えば、一元化前の退職共済年金受給者が一元化後に65歳になった場合、65歳までは退職共済年金を受給し続けることとなり、65歳からは老齢厚生年金を受給することになります。また、共済年金の3階部分の退職給付である職域加算は廃止され、代わりに年金払い退職給付が新設されましたが、一元化前の共済加入期間の職域加算部分は加算されることになります。

　なお、一元化後、各共済組合等は厚生年金保険の実施機関として保険料の徴収や年金の支給の業務を行います。厚生年金保険の事務を行う実施機関とは、会社員等については厚生労働大臣（日本年金機構）、国家公務員については国家公務員共済組合及び国家公務員共済組合連合会、地方公務

員については地方公務員共済組合、全国市町村職員共済組合連合会及び地方公務員共済組合連合会、私学教職員については日本私立学校振興・共済事業団です。

第2節　適用事業所

1 強制適用事業所と任意適用事業所

　常時5人以上の従業員を使用する業態（健康保険の適用業種⇨P.12）の事業所および常時従業員を使用する国または地方公共団体または法人の事業所は、厚生年金保険の強制適用事業所になります。

　また、船員法における船員が乗り組む船舶は、厚生年金保険の適用事業所とみなされます。

　それ以外の事業所は、厚生労働大臣の認可を受けて任意適用事業所になることができます。任意適用事業所になるには、全従業員の半数以上の人が同意し、認可を受けた後は同意した人だけではなく、70歳未満のすべての常用の従業員が被保険者となります。いったん任意適用事業所になると、全被保険者の4分の3以上の同意がなければ脱退できないことになっています。

2 適用除外

　厚生年金保険の適用除外は、「船員保険の被保険者」を除き、健康保険の一般被保険者の適用除外と同じです（⇨P.13）。

第3節 被保険者

1 当然被保険者

　厚生年金保険の適用事業所に常時使用される70歳未満の人は、強制適用か任意適用によるかにかかわらず、当然被保険者となります。

> ※船員は、医療保険等（職務外疾病）については船員保険、年金（職務外）については厚生年金保険、職務上疾病・年金については労働者災害補償保険の被保険者となります。

　被用者年金一元化によって、会社員等だけでなく、公務員や私立学校の教職員も厚生年金保険に加入することになりましたので、以下のように被保険者の種別が設けられました。

- 第1号厚生年金被保険者…会社員等の被保険者（2号から4号以外の人）
- 第2号厚生年金被保険者…国家公務員共済組合の組合員
- 第3号厚生年金被保険者…地方公務員等共済組合の組合員
- 第4号厚生年金被保険者…私立学校教職員共済制度の加入者

(1)被保険者資格の取得時期

　次のいずれかに該当するに至ったときに被保険者資格を取得します。

①適用事業所に使用されるようになったとき

②短時間労働者の労働時間および出勤日数が、当該事業所の常用労働者の所定労働時間および出勤日数の4分の3以上になったとき※

③厚生年金保険の適用除外に該当していた人が該当しな

くなったとき

※P.14の健康保険同様、平成28年10月より従業員501人以上の事業所で一定条件を満たす週20時間以上勤務の労働者にも適用が拡大されています。また、平成29年4月より500人以下でも労使の合意があれば当該労働者に適用されます。令和4年10月より501人以上という要件が101人以上になり、令和6年10月より51人以上になります。令和4年10月より、1年以上雇用見込みの場合という条件は、2ヵ月を超えて雇用見込みの場合となります。

なお、国・地方自治体に勤務する短時間労働者について、令和4年10月から医療については健康保険から共済組合の短期給付の対象に変わったのに対し、厚生年金保険は共済組合の組合員にならず、引き続き第1号厚生年金被保険者となります。

(2)被保険者資格の喪失時期

次のいずれかに該当したときは、その翌日に被保険者資格を喪失します(③を除く)。

①被保険者が適用事業所に使用されなくなったとき(パート労働者が(1)の②に該当しなくなったときを含む)

②被保険者が使用される事業所が適用事業所でなくなったとき

③被保険者が70歳に達したとき(翌日ではなくその日〔70歳の誕生日の前日〕に被保険者資格を喪失します)

④被保険者が死亡したとき

⑤適用除外に該当したとき

2 任意単独被保険者

厚生年金保険の適用事業所以外の事業所に使用される70歳未満の人が事業主の同意を得て、単独で被保険者となるもので、他の希望しない人は被保険者となりません。

❸ 高齢任意加入被保険者

　厚生年金保険の一般被保険者は70歳未満の人となっています。70歳到達月までに老齢厚生年金の受給に必要な被保険者期間を満たしていない人は、受給資格期間を満たすまで任意で厚生年金保険に加入することができます。

　また、事業主が同意した場合は、一般の被保険者と同様に保険料の半分を事業主が負担しますが、同意しない場合は被保険者が全額負担します。

　なお、老齢厚生年金等の年金受給権者となった場合は、被保険者の資格を失います。

第4節　費用負担

❶ 保険料

⑴保険料率

　厚生年金保険料率は1号〜4号までの被保険者の種別によって異なります。

　第1号厚生年金被保険者の一般の保険料率は、標準報酬額(標準報酬月額および標準賞与額)の18.3%(平成29年9月〜)となっています。また、第2号厚生年金被保険者と第3号厚生年金被保険者の保険料率は18.3%(平成30年9月〜)、第4号厚生年金被保険者の保険料率は、軽減保険料率として令和5年4月〜令和5年8月は16.035%、令和5年9月〜令和6年3月は16.389%になります。なお、標準賞与額(賞与額から1,000円未満を切り捨てた額)は1ヵ月あたり150万円が上限です。

　保険料は、事業主と被保険者が折半して負担します。な

お、高齢任意加入被保険者の場合は、全額自己負担することが原則となっていますが、事業主が同意した場合は、事業主と被保険者が折半して負担することになります。

　保険料が賦課されるのは、標準報酬および標準賞与とも、被保険者期間月数に算入される月に支払われた場合に限ります。したがって、被保険者資格を喪失した月または被保険者資格喪失後に標準報酬および標準賞与が支払われても、保険料は賦課されません。

　※厚生年金基金加入員が国に納める厚生年金保険料(一般)は、平成29年9月から基金ごとに、13.3%〜15.9%の範囲内で27段階で折半負担になりました。

【表1】厚生年金標準報酬・保険料月額一覧表の例（令和2年9月〜）

等級	標準報酬			第1号厚生年金保険料・一般	
	月額(千円)	報酬の範囲(円以上円未満)		全額(円) 18.3%	折半額(円) 9.15%
1	88		～ 93,000	16,104.0	8,052.0
2	98	93,000 ～	101,000	17,934.0	8,967.0
3	104	101,000 ～	107,000	19,032.0	9,516.0
4	110	107,000 ～	114,000	20,130.0	10,065.0
5	118	114,000 ～	122,000	21,594.0	10,797.0
6	126	122,000 ～	130,000	23,058.0	11,529.0
7	134	130,000 ～	138,000	24,522.0	12,261.0
8	142	138,000 ～	146,000	25,986.0	12,993.0
9	150	146,000 ～	155,000	27,450.0	13,725.0
10	160	155,000 ～	165,000	29,280.0	14,640.0
11	170	165,000 ～	175,000	31,110.0	15,555.0
12	180	175,000 ～	185,000	32,940.0	16,470.0
13	190	185,000 ～	195,000	34,770.0	17,385.0
14	200	195,000 ～	210,000	36,600.0	18,300.0
15	220	210,000 ～	230,000	40,260.0	20,130.0
16	240	230,000 ～	250,000	43,920.0	21,960.0
17	260	250,000 ～	270,000	47,580.0	23,790.0
18	280	270,000 ～	290,000	51,240.0	25,620.0
19	300	290,000 ～	310,000	54,900.0	27,450.0
20	320	310,000 ～	330,000	58,560.0	29,280.0
21	340	330,000 ～	350,000	62,220.0	31,110.0
22	360	350,000 ～	370,000	65,880.0	32,940.0
23	380	370,000 ～	395,000	69,540.0	34,770.0
24	410	395,000 ～	425,000	75,030.0	37,515.0
25	440	425,000 ～	455,000	80,520.0	40,260.0
26	470	455,000 ～	485,000	86,010.0	43,005.0
27	500	485,000 ～	515,000	91,500.0	45,750.0
28	530	515,000 ～	545,000	96,990.0	48,495.0
29	560	545,000 ～	575,000	102,480.0	51,240.0
30	590	575,000 ～	605,000	107,970.0	53,985.0
31	620	605,000 ～	635,000	113,460.0	56,730.0
32	650	635,000 ～		118,950.0	59,475.0

⑵育児休業期間中・産前産後休業期間中の保険料免除

　育児休業中の被保険者については、事業主および被保険者負担分の保険料が届け出によって、最長で出生児が3歳に達する日の前月まで免除されます。

　※育児休業を開始した日の属する月から、育児休業が終了する日の翌日が属する月の前月まで（最長で子が3歳になるまで）の保険料が免除されます。なお、この免除期間は、将来、被保険者の年金額を計算する際は、育児休業前と同額の保険料を納めたものとして計算されます。

　健康保険同様、令和4年10月より、短期の育児休業の場合も保険料免除を受けることができるようになります。育児休業を開始した日の属する月と終了する日の翌日が属する月とが同一であり、かつ、当該月における育児休業等の日数として厚生労働省令で定めるところにより計算した日数が14日以上である場合は、当該月の保険料を免除することになります。ただし、育児休業の期間が1月以下である場合は、標準報酬月額に係る保険料に限り免除の対象とされ、賞与に係る保険料は徴収されます。

　また、産前産後休業期間中の被保険者についても、事業主および被保険者負担分の保険料が、届出によって免除されています。対象となるのは、平成26年4月30日以降に産前産後休業が終了となる人（平成26年4月分以降の保険料）です。

　産前産後休業期間とは、出産日以前42日目（多胎妊娠の場合は98日目）から出産日の翌日以後56日目までの間で、被保険者が会社を休んだ期間です。

　保険料免除の対象となる期間は、産前産後休業開始月から終了予定日の翌日の月の前月（終了日が月の末日の場合は終了月）までです。

　この免除期間も、育児休業期間中の保険料免除期間と同様、休業前と同額の保険料を納めたものとして扱われます。

※育児休業の保険料免除と産前産後休業の保険料免除の期間が重なる場合は、産前産後休業期間中の保険料免除が優先されます。

(3)育児休業・産前産後休業終了後の標準報酬月額の改定

育児休業・産前産後休業終了後（平成26年4月1日以降に産前産後休業が終了する人が対象）、育児等を理由に給与が低下した場合は、被保険者の申出により、育児休業・産前産後休業を終了した日の翌日が属する月以後の3ヵ月間に受けた給与の平均を基準として、その翌月から標準報酬月額が改定され、保険料の負担が軽減されます。

(4)3歳に満たない子を養育する場合の特例

3歳未満の子を養育している期間の標準報酬月額が勤務時間短縮等のために養育期間前の標準報酬月額より低下した場合は、届出により従前の標準報酬月額であるとみなされます。保険料は実際の標準報酬月額により算定されますが（前記(3)参照）、将来、年金額を計算する際は養育前の高い標準報酬月額により算定されます。

平成26年4月から、この特例措置は、産前産後休業期間中の保険料免除が開始されたときに終了となります。

2 国庫負担額

昭和61年4月に基礎年金制度ができたときから、厚生年金の国庫負担額は、基礎年金拠出金の3分の1と定められていました。急速な少子高齢化に対し、年金財政の安定を保つため、平成16年の改正により、段階的に引き上げられ、平成21年度からは、基礎年金拠出金の2分の1に相当する額となりました。

そして、平成24年の改正（社会保障・税一体改革）により、消費税の引き上げにより得られる税収を国庫負担額の財源に充てることとされ、平成26年度以降は、恒久的に基礎

年金拠出金の2分の1とされました。

第5節　老齢厚生年金

1 老齢厚生年金の支給要件

65歳に達したとき、または65歳に達した日以後に次の要件を満たしていることが必要です。

①厚生年金の被保険者期間が1ヵ月以上あること

②老齢基礎年金の受給資格を満たしていること(⇨P.80)

2 60歳台前半の老齢厚生年金

昭和60年の改正により、報酬比例の額の老齢厚生年金は、国民年金の老齢基礎年金に上乗せする形で65歳から支給されるようになりました。しかし、改正前は一定の要件を満たしている場合には60歳から支給されていたため、当分の間、次の要件に該当した場合は、60歳台前半(65歳未満)の間特例的に支給されます。

①老齢基礎年金の受給資格を満たしていること(⇨P.80)

②厚生年金の被保険者期間が1年以上あること

③年齢は60歳台前半(65歳未満)であること

3 老齢厚生年金の支給開始年齢

⑴60歳台前半の老齢厚生年金の支給開始年齢

60歳台前半の老齢厚生年金の支給開始年齢については、平成6年の法律改正において見直され、段階的に定額部分の支給開始年齢を引き上げ、報酬比例部分のみの年金額に切り替えていくことになりました。

さらに平成12年の法律改正では、平成25年4月から段階

的に報酬比例部分の支給開始年齢も引き上げることとなり、最終的には60歳台前半の老齢厚生年金の支給はなくなります。男子と2～4号厚生年金加入期間のある女子は昭和36年4月2日以降生まれ、1号厚生年金加入期間のある女子は昭和41年4月2日以降生まれからは65歳からの支給開始となります。また、特定警察職員等の人が65歳からの支給開始となるのは、昭和42年4月2日以降生まれとなります。

　支給開始年齢は、生年月日に応じて【表2】の通りです。

【表2】報酬比例部分・定額部分の支給開始年齢

支給開始年齢		生年月日(男子)	生年月日	生年月日
報酬比例部分	定額部分	(2～4号女子)	(1号女子)	(特定警察職員等)
60歳	60歳	昭16.4.1以前	昭21.4.1以前	昭22.4.1以前
60歳	61歳	昭16.4.2～昭18.4.1	昭21.4.2～昭23.4.1	昭22.4.2～昭24.4.1
60歳	62歳	昭18.4.2～昭20.4.1	昭23.4.2～昭25.4.1	昭24.4.2～昭26.4.1
60歳	63歳	昭20.4.2～昭22.4.1	昭25.4.2～昭27.4.1	昭26.4.2～昭28.4.1
60歳	64歳	昭22.4.2～昭24.4.1	昭27.4.2～昭29.4.1	昭28.4.2～昭30.4.1
60歳	－	昭24.4.2～昭28.4.1	昭29.4.2～昭33.4.1	昭30.4.2～昭34.4.1
61歳	－	昭28.4.2～昭30.4.1	昭33.4.2～昭35.4.1	昭34.4.2～昭36.4.1
62歳	－	昭30.4.2～昭32.4.1	昭35.4.2～昭37.4.1	昭36.4.2～昭38.4.1
63歳	－	昭32.4.2～昭34.4.1	昭37.4.2～昭39.4.1	昭38.4.2～昭40.4.1
64歳	－	昭34.4.2～昭36.4.1	昭39.4.2～昭41.4.1	昭40.4.2～昭42.4.1

(2)坑内員・船員の特例

　昭和41年4月1日以前生まれで、坑内員・船員である被保険者期間(実期間)が15年かつ、受給資格期間を満たした人は、【表3】の支給開始年齢から、定額部分と報酬比例部分を合算した老齢厚生年金が支給されます。

【表3】坑内員・船員の特例

生年月日	支給開始年齢	生年月日	支給開始年齢
昭和21.4.1以前	55歳	昭和33.4.2～35.4.1	61歳
昭和21.4.2～23.4.1	56歳	昭和35.4.2～37.4.1	62歳
昭和23.4.2～25.4.1	57歳	昭和37.4.2～39.4.1	63歳
昭和25.4.2～27.4.1	58歳	昭和39.4.2～41.4.1	64歳
昭和27.4.2～29.4.1	59歳	昭和41.4.2以後	65歳
昭和29.4.2～33.4.1	60歳		

(3)障害者の特例

　昭和28年4月2日から昭和36年4月1日（第1号厚生年金加入期間のある女子は昭和33年4月2日から昭和41年4月1日）までの間に生まれた人で、60歳台前半の老齢厚生年金の受給権が発生し、被保険者ではなく、3級以上の障害の状態にある場合は、【表4】の支給開始年齢から、請求に基づき、定額部分と報酬比例部分を合わせた額が支給されます。

【表4】障害者の特例

支給開始年齢	生年月日（男子）（2～4号女子）	生年月日（1号女子）	生年月日（特定警察職員等）
60歳	昭和28.4.1以前	昭和33.4.1以前	昭和34.4.1以前
61歳	昭和28.4.2～昭和30.4.1	昭和33.4.2～昭和35.4.1	昭和34.4.2～昭和36.4.1
62歳	昭和30.4.2～昭和32.4.1	昭和35.4.2～昭和37.4.1	昭和36.4.2～昭和38.4.1
63歳	昭和32.4.2～昭和34.4.1	昭和37.4.2～昭和39.4.1	昭和38.4.2～昭和40.4.1
64歳	昭和34.4.2～昭和36.4.1	昭和39.4.2～昭和41.4.1	昭和40.4.2～昭和42.4.1

(4)長期加入者の特例

　昭和36年4月1日（第1号厚生年金期間のある女子は昭和41年4月1日）以前に生まれた人で、60歳台前半の老齢厚生年金の受給権が発生し、被保険者でなく、同じ種別の厚生年金保険の被保険者期間（第2号・3号厚生年金被保険者期間は通算）が44年以上ある人には、60歳台前半の老齢厚生年金定額

分と報酬比例部分を合わせた額が支給されます。

第6節　老齢厚生年金の額

　令和5年度の年金額は、「名目手取り賃金変動率」が2.8%のプラス「物価変動率」が2.5%のプラスだったため、額改定ルールに基づき、新規裁定者(67歳以下の人)は賃金によって、既裁定者(68歳以上の人)については物価によって改定されることになりました。ただし、マクロ経済スライド調整率▲0.3%とキャリーオーバー分▲0.3%を差し引くこととなり、新規裁定者(67歳以下の人)は、2.2%、既裁定者(68歳以上の人)は1.9%となりました。

　ただし、従前額補償とどちらか高い方の年金額が支給されます。

■ 65歳からの老齢厚生年金の額

　65歳から支給される老齢厚生年金の額は、被保険者期間中の平均標準報酬から算出した報酬比例部分と、一定の要件を満たした場合には、配偶者と子の加算分として加給年金額が加算された額となります。

⑴報酬比例部分

　報酬比例部分は次のそれぞれの計算式①~②によって算出した額を比べ、どちらか高い額が支給されます。

		平成15年3月以前の		平成15年4月以降の
報酬比例の額=		被保険者期間分	+	被保険者期間分
		（総報酬制前）		（総報酬制後）

$$\boxed{①本来水準の額}$$

$$=$$

$$\boxed{平均標準報酬月額^{※1} \times \frac{7.125 \sim 9.5^{※2}}{1000} \times 平成15年3月以前の被保険者期間月数}$$

$$+$$

$$\boxed{平均標準報酬額^{※1} \times \frac{5.481 \sim 7.308^{※2}}{1000} \times 平成15年4月以降の被保険者期間月数}$$

※1 平成16年改正による令和4年度再評価率を用いる。
※2 P.153【表8】報酬比例部分の乗率参照。

$$\boxed{②従前額保障}$$

$$=$$

$$\boxed{平均標準報酬月額^{※1} \times \frac{7.5 \sim 10^{※2}}{1000} \times 平成15年3月以前の被保険者期間月数}$$

$$+$$

$$\boxed{平均標準報酬額^{※1} \times \frac{5.769 \sim 7.692^{※2}}{1000} \times 平成15年4月以降の被保険者期間月数}$$

$$\times$$

従前額改定率は、昭和13年4月1日以前生まれの人と昭和13年4月2日以後生まれの人とでは異なっているため、令和5年度の場合は次のようになります。
• 昭和13年4月1日以前生まれ：0.997（令和4年度の従前額改定率）× 1.019 ≒ 1.016
• 昭和13年4月2日以後生まれ：0.995（令和4年度の従前額改定率）× 1.019 ≒ 1.014

※1 平成6年改正による再評価率を用いる。
※2 P.153【表8】報酬比例部分の乗率参照。

①または②の計算は被保険者の種別ごとに行います。複

数の種別がある場合は各種別ごとに計算され、その合計額が自身の年金額となります。

(2)加給年金額

65歳から支給される老齢厚生年金の受給権取得時に、要件を満たせば加給年金額が支給されます。

①加算要件と加算対象者……老齢厚生年金の計算の基礎となる被保険者期間が20年[※1]以上あり、受給権者によって生計を維持される65歳未満の配偶者、18歳以後の最初の3月31日が到来していない子または障害等級2級以上の20歳未満の子がいるときに支給されます。

②支給額（令和4年度）

ア　配偶者（夫または妻）＝228,700円

イ　子（2人目まで）＝228,700円

ウ　子（3人目以降）＝76,200円

※60歳台前半に定額部分相当額が加算される老齢厚生年金の受給権者となった場合、加給年金額対象者は、その加算開始の当時、生計維持関係があった人に限られます。

※配偶者が厚生年金被保険者期間20年以上の老齢厚生年金の受給権があるとき、または障害年金を受けられるときは原則として加算されません。

※1　中高齢者の特例に該当する人も、被保険者期間が20年以上あるとみなされます。

(3)加給年金額の特別加算額

受給権者の生年月日に応じて、【表5】の額が加給年金額に加算されます。

【表5】加給年金額の特別加算額（令和5年額）

生年月日	加算額	生年月日	加算額
昭和 9.4.2～15.4.1	33,800円	昭和17.4.2～18.4.1	135,000円
昭和15.4.2～16.4.1	67,500円	昭和18.4.2以降	168,800円
昭和16.4.2～17.4.1	101,300円		

(4)経過的加算額

　65歳から受ける老齢厚生年金は、老齢基礎年金に上乗せする形で、報酬比例部分が支給されます。しかし、その計算の基礎には、昭和36年4月前の被保険者期間および20歳前や60歳以後の厚生年金被保険者期間の部分等が反映されず、当分の間は老齢基礎年金の額より60歳台前半で受ける老齢厚生年金の定額部分の額のほうが多くなるため、65歳以降の老齢厚生年金には定額部分から厚生年金加入による老齢基礎年金額を差し引いた額が加算されます。

　経過的加算額は、次の①から②を差し引いた額となります。

①【新：1,657、既：1,652】×生年月日に応じた率(1.000～1.875)[※1]×被保険者期間の月数[※2]

②【新：795,000、既：792,600】×[昭和36年4月以後の20歳以上60歳未満の厚生年金の被保険者期間の実月数÷最長加入可能期間(上限480月)]

　※1 【表7】参照。　　※2【表6】を限度。

【表6】定額部分相当額の被保険者月数の上限(平成17年4月改正)

生年月日	定額部分(上限)
昭和4年4月1日以前	420月
昭和4年4月2日～昭和9年4月1日	432月
昭和9年4月2日～昭和19年4月1日	444月
昭和19年4月2日～昭和20年4月1日	456月
昭和20年4月2日～昭和21年4月1日	468月
昭和21年4月2日以降	480月

【表7】定額部分の単価・政令率（令和5年度）

生年月日	政令率	参考単価※
昭和2.4.1以前	1.875	3,098
昭和2.4.2〜3.4.1	1.817	3,002
昭和3.4.2〜4.4.1	1.761	2,909
昭和4.4.2〜5.4.1	1.707	2,820
昭和5.4.2〜6.4.1	1.654	2,732
昭和6.4.2〜7.4.1	1.603	2,648
昭和7.4.2〜8.4.1	1.553	2,566
昭和8.4.2〜9.4.1	1.505	2,486
昭和9.4.2〜10.4.1	1.458	2,409
昭和10.4.2〜11.4.1	1.413	2,334
昭和11.4.2〜12.4.1	1.369	2,262
昭和12.4.2〜13.4.1	1.327	2,192
昭和13.4.2〜14.4.1	1.286	2,124
昭和14.4.2〜15.4.1	1.246	2,058
昭和15.4.2〜16.4.1	1.208	1,996
昭和16.4.2〜17.4.1	1.170	1,933
昭和17.4.2〜18.4.1	1.134	1,873
昭和18.4.2〜19.4.1	1.099	1,816
昭和19.4.2〜20.4.1	1.065	1,759
昭和20.4.2〜21.4.1	1.032	1,705
昭和21.4.2以降	1.000	1,652

※参考単価＝1,652円×政令率（1円未満四捨五入）
　S3.4.2以降の人は1,657円となります。

【表8】報酬比例部分の乗率（単位：‰）

生年月日	平成15年3月以前の期間	平成15年4月以降の期間	平成15年3月以前の期間	平成15年4月以降の期間
	従前額保障		本来水準	
昭和2.4.1以前	10.00	7.692	9.500	7.308
昭和2.4.2～3.4.1	9.86	7.585	9.367	7.205
昭和3.4.2～4.4.1	9.72	7.477	9.234	7.103
昭和4.4.2～5.4.1	9.58	7.369	9.101	7.001
昭和5.4.2～6.4.1	9.44	7.262	8.968	6.898
昭和6.4.2～7.4.1	9.31	7.162	8.845	6.804
昭和7.4.2～8.4.1	9.17	7.054	8.712	6.702
昭和8.4.2～9.4.1	9.04	6.954	8.588	6.606
昭和9.4.2～10.4.1	8.91	6.854	8.465	6.512
昭和10.4.2～11.4.1	8.79	6.762	8.351	6.424
昭和11.4.2～12.4.1	8.66	6.662	8.227	6.328
昭和12.4.2～13.4.1	8.54	6.569	8.113	6.241
昭和13.4.2～14.4.1	8.41	6.469	7.990	6.146
昭和14.4.2～15.4.1	8.29	6.377	7.876	6.058
昭和15.4.2～16.4.1	8.18	6.292	7.771	5.978
昭和16.4.2～17.4.1	8.06	6.200	7.657	5.890
昭和17.4.2～18.4.1	7.94	6.108	7.543	5.802
昭和18.4.2～19.4.1	7.83	6.023	7.439	5.722
昭和19.4.2～20.4.1	7.72	5.938	7.334	5.642
昭和20.4.2～21.4.1	7.61	5.854	7.230	5.562
昭和21.4.2以後	7.50	5.769	7.125	5.481

(5) 65歳からの在職老齢年金

在職中の65歳以上の厚生年金保険の被保険者に支給される老齢厚生年金は「65歳からの在職老齢年金」の規定によって支給が調整されます。

①老齢基礎年金と経過的加算額（⇨P.124）は全額支給されます。

②総報酬月額相当額※と老齢厚生年金の基本月額（加給年

金額を除く）との合計額が48万円に達するまでは、老齢
厚生年金は全額支給されます。

③合計額が48万円を上回る場合は、上回った額の2分の
1に相当する額が支給停止されます。

④老齢厚生年金が一部でも支給されれば、加給年金額は
全額支給されます。

※総報酬月額相当額……「その月の標準報酬月額＋直近1年間に
受けた賞与総額÷12」が総報酬月額相当額となります。したが
って、賞与額の増減により、その月以降は総報酬月額相当額が
変わることがあります。

【表9】65歳以上の在職老齢年金の支給調整（令和5年度）

基本月額＋総報酬月額相当額	支給年金額（月額）
基本月額＋総報酬月額相当額が48万円以下の場合	全額支給
基本月額＋総報酬月額相当額が48万円より多い場合	基本月額－（基本月額＋総報酬月額相当額－48万円）×1/2

※70歳以上の在職者にも適用されます（平成19年4月以降は昭和
12年4月1日以前生まれの人も対象）。このため、70歳以上の
人の雇用・退職および報酬額に関する届出等が必要になります
（70歳前から継続雇用され70歳以降で変更になる場合）。ただ
し、厚生年金保険の保険料は徴収されません。また、国会議員・
地方議員も在職老齢年金制度の対象となっています。

1号から4号までの複数の種別の厚生年金被保険者期間
があり、複数の実施機関から老齢厚生年金が支給されてい
る人の場合、それらの合算した基本月額を元に支給停止総
額を算出し、支給停止総額を各種別の年金額で按分して支
給停止します。

2 60歳台前半の老齢厚生年金の額

次の(1)に(2)〜(4)を加算した額が支給されます。

なお、昭和16年4月2日以後に生まれた受給権者が、老

齢基礎年金の全額の支給繰上げを請求した場合は、定額部分の老齢基礎年金相当額が支給停止となり、報酬比例部分の老齢厚生年金と老齢基礎年金は併給となります。

(1)報酬比例部分

報酬比例部分の計算は、P.121の「**1** 65歳からの老齢厚生年金の額」の(1)報酬比例部分と同じです。

(2)定額部分

定額部分は次の計算式によって算出した額が支給されます。

1,628円×改定率(令和5年度　新：1.018、既：1.015)×政令で定める率(1.000〜1.875^{※1})×被保険者期間の月数

よって、新規裁定者は、1,657円、既裁定者は1,652円となります。

※1　P.125【表7】。
※被保険者月数には、上限があります(⇨P.124【表6】)。

(3)加給年金額

受給権者(定額部分の額が加算開始)となるときに、主として受給権者の収入により生計を維持されている配偶者または子がいるときは、要件を満たせば加給年金額が支給されます。加算要件と加算対象者および支給額は65歳からの老齢厚生年金の場合と同じです(⇨P.123)。

(4)加給年金額の特別加算額

加給年金額の特別加算額は、65歳からの老齢厚生年金の場合と同様で、受給権者の生年月日に応じた額(⇨P.123【表5】)が配偶者加給年金額に加算されます。

(5)定額部分相当額の加算等の改定

60歳台前半に支給される老齢厚生年金は、次の事例に該当したときに、報酬比例部分相当額に定額部分相当額を加えた年金額に改定されます。なお、障害の状態に該当しなくなったときは、定額部分支給開始年齢の前であれば、

定額部分相当額を減額する改定が行われます。

①長期加入者(44年以上の同じ種別の被保険者期間)となった場合……60歳台前半の老齢厚生年金の受給権者(報酬比例部分相当額のみ)となった後、同じ種別の被保険者期間(2号・3号は通算)が44年に達して退職し、被保険者となることなく1ヵ月を経過したときは、報酬比例部分相当額に定額部分相当額(加給年金額も含む)を加算した額に改定されます(退職日の翌月からの改定となります)。

②障害(障害等級3級以上)の状態にある場合……被保険者ではない60歳台前半の老齢厚生年金(報酬比例部分のみ)の受給権者(支給開始年齢に達した人)が、障害(障害等級3級以上。以下同じ)の状態にある場合は、本人からの請求により、定額部分相当額が加算された老齢厚生年金に改定されます。原則、請求日の翌月から改定されますが、平成26年4月からは、障害年金の受給権があるとき※(支給開始年齢前から障害年金の受給権がある場合は支給開始年齢以降)にさかのぼって、改定されることになりました。

※障害等級1～3級に該当したとき(症状が固定した日または初診日から1年6ヵ月を経過した日に障害状態にあるとき)

⑹60歳台前半の在職老齢年金

60歳台前半の老齢厚生年金の受給権者が在職中であるとき(国会議員・地方議員を含む)は、総報酬月額相当額と年金の基本月額を合計した額をもとに、【表9】の65歳以上の在職老齢年金制度と同じ計算方法で支給調整されることになります。

60歳台後半の在職老齢年金同様、複数の種別の厚生年金被保険者期間があり、複数の実施機関から老齢厚生年金が支給されている人の場合、それらの合算した基本月額を

元に支給停止総額を算出し、支給停止総額を各種別の年金額で按分して支給停止します。

③ 老齢厚生年金の繰上げ支給

(1)経過的な繰上げ

　報酬比例部分の支給開始年齢が引き上がる昭和28年4月2日から昭和36年4月1日(第1号厚生年金期間のある女子は、昭和33年4月2日から昭和41年4月1日)までに生まれた人は、報酬比例部分のみの特別支給の老齢厚生年金の支給開始年齢(特例支給開始年齢)が、生年月日に応じて61歳から64歳に引き上げられますが、これらの特例支給開始年齢に達する前に老齢厚生年金(報酬比例部分)の繰上げの請求をすることができます。

　経過的な繰上げ支給の老齢厚生年金の年金額は、60歳から65歳に達するまでの請求時の年齢に応じて、本来の年金額から、政令で定める額が減じられた額となります。この経過的な繰上げ支給の老齢厚生年金を請求する人は、同時に老齢基礎年金の繰上げ請求をしなければなりません。なお、同時に繰上げる老齢基礎年金も減額となります。

(2)繰上げ支給の老齢厚生年金

　老齢厚生年金の支給開始年齢が65歳になる昭和36年4月2日以降(第1号厚生年金期間のある女子は昭和41年4月2日以降)生まれの人は60歳から65歳に達するまでの間に老齢厚生年金を繰上げ請求することができます。繰上げ支給の老齢厚生年金の年金額は、60歳から65歳に達するまでの請求時の年齢に応じて、本来の老齢厚生年金の年金額から、政令で定める額が減じられた額となります。ただし、加給年金額は、受給権者が65歳に達するまでは加算されません。なお、この老齢厚生年金の繰上げを請求する人は、老

齢基礎年金も同時に繰上げ請求しなければなりません。また、同時に繰上げる老齢基礎年金も減額となります。

4 老齢厚生年金の繰下げ支給

　繰下げ支給の年金額には、繰下げた期間に応じて政令で定める額が加算されます。

　令和4年4月からは70歳を超えて75歳まで繰下げが可能になりますので、75歳を超えて繰下げの申し出をした場合は、75歳到達月に繰下げの申し出があったものとみなされ、75歳到達月の翌月分から増額された老齢厚生年金が支給されます。また、70歳を超えて繰下げをせず遡及受給する場合は、その5年前に繰下げの申し出があったものとみなされ、当該5年前の増額率で支給されます（令和5年4月から）。

　なお、受給権を取得した日から10年を経過した日前に他の年金給付の受給権を取得した場合は、他の年金給付の受給権を取得した時点から、増額された老齢厚生年金が支給されます。

　65歳以上の在職者については、在職老齢年金のしくみによって支給が停止となった額を除いた額が支給繰下げの対象となります。また、この繰下げ制度は、老齢基礎年金と切り離して別々に受給することが可能です。

　※平成19年4月1日前に本来支給の老齢厚生年金の受給権者となっている人（昭和17年4月1日以前生まれの人）については、この繰下げ制度は適用されません。

5 年金額の改定

(1)退職改定・在職定時改定

　被保険者資格を喪失した後、被保険者となることなく1

ヵ月を経過した日に老齢厚生年金の額が改定されます（在職中の被保険者月数分が加算されます）。月末退職で翌月1日に喪失する場合は退職日の翌月から改定されます。

令和4年4月より、65歳以降の厚生年金被保険者期間中も老齢厚生年金が改定される在職定時改定制度が導入され、在職中であっても毎年改定が行われます。毎年9月1日を基準日として、その前月（8月）以前の被保険者期間を元に基準日の翌月である10月分から改定されることになります。

(2)加給年金額の改定および支給停止

次のいずれかに該当した当時に加給年金額対象者がいるとき、該当日の属する月の翌月分から加算額の変更が行われます。

なお、60歳台前半の報酬比例部分のみの老齢厚生年金には、加給年金額が加算されません。

①240月以上の老齢厚生年金に改定されたとき（増額改定）

②240月以上の老齢厚生年金に定額部分相当額が加算改定されたとき（増額改定）

③240月以上の老齢厚生年金に定額部分相当額が加算される年齢に達したとき（増額改定）

④受給権者となったとき胎児だった子が出生したとき（増額改定）

⑤加給年金額対象者の要件に該当しなくなったとき（減額改定）※

⑥加給年金額対象者（配偶者または子）が死亡したとき（減額改定）

⑦受給権者の障害の程度が軽快し、定額部分相当額が減額改定となったとき（減額改定）

⑧配偶者である加給年金額対象者が老齢厚生年金（被保険

者期間が240月以上（中高齢者の特例含む）に限る）の受給権
があるとき（支給停止）。ただし、令和4年3月以前から
既に加給年金が加算されている場合は経過措置があり
ます。

※配偶者と離婚したとき、養子が離縁したとき、収入基準を超え
る収入を得たため生計維持関係をなくしたとき、子が年齢基準
を超えたときなどがあります。

6 失権

老齢厚生年金の受給権は、受給権者が死亡したときに消
滅します。

7 受給権者の申し出による支給停止

平成19年4月より、受給権者本人の申し出により年金を
受け取らないことが可能となりました（⇨P.86）。

第7節　離婚時の厚生年金の分割制度

離婚等をしたときには、厚生年金の標準報酬（保険料納付
記録）を当事者間で分割する制度があります。これには合
意による分割制度（平成19年4月施行。以下「合意分割制度」とい
う）と第3号被保険者期間についての分割制度（平成20年4月
施行。以下「3号分割制度」という）があります。

1 合意分割制度

⑴分割の条件

厚生年金保険料納付記録を分割するためには、次の条件
に該当することが必要です。

　①平成19年4月1日以後に離婚等をした場合

②当事者の合意や裁判手続きにより年金分割の割合を定
めたこと

③請求期限（離婚した日の翌日から2年が原則）を経過してい
ないこと

(2)分割される対象と分割の割合

分割の請求により、納付記録の多い人から少ない人へ移
管されます。なお、按分割合（当事者の婚姻期間中の厚生年金
保険料納付記録の合計のうち、分割を受ける側の分割後の持ち分と
なる割合）の上限は50%です。たとえば婚姻期間中の両者の
納付記録を合算した100%に対し、仮に夫の納付記録70%、
妻30%である場合、70%から50%を差し引いた20%を上限
として夫から妻に分割されます。

2 3号分割制度

平成20年4月に施行された3号分割制度は、第3号被保
険者であった人からの請求により、相手方（厚生年金の被保
険者または被保険者であった人で分割をする側。以下、特定被保険
者という）の厚生年金の標準報酬（平成20年4月1日以後の国民年
金第3号被保険者期間に対応するものに限る）を、2分の1ずつ当
事者間で分割できる制度です。

(1)分割の条件

標準報酬を分割するためには、次の条件に該当すること
が必要です。

①平成20年5月1日以後に離婚等をした場合※

②特定被保険者（第2号被保険者）が行方不明となった場合
は、行方不明になって3年以上が経過していると認め
られること（離婚の届出をしていない場合に限る）

③離婚の届出をしていないが、事実上離婚したと同様の
事情にあると認められる場合

④平成20年4月1日以後に、国民年金の第3号被保険者
　期間があること

⑤請求期限（離婚等をした日の翌日から2年が原則）を経過して
　いないこと

※離婚時の前月までの期間が分割の対象となるため、平成20年5
月以後の離婚から適用されます。

(2)分割される対象と分割の割合

　平成20年4月1日以後の婚姻期間内で、当事者の一方が
第3号被保険者であった期間について、特定被保険者の報
酬比例部分の分割を受けることができます。分割の割合は
2分の1とされています。

③ 合意分割制度と3号分割制度との関係

　平成20年5月以降に合意分割をし、その対象期間内に3
号分割の対象となる期間が含まれている場合は、合意分割
を請求した時点で3号分割の請求があったものとみなされ
ます。この場合、3号分割した後の保険料納付記録を基礎
として合意分割を行うこととなります。なお、3号分割の
対象となる期間（第3号被保険者期間のうち、平成20年4月1日以
後の部分）だけがある場合は、3号分割のみを行い、合意分
割は行うことができません。

④ 分割した後の年金受給

　標準報酬の分割後の年金受給は、自分自身の受給資格の
年齢に応じて始まります。年金受給者の場合は、分割請求
の属する月の翌月分から年金額が改定されます。

　なお、分割によって得た保険料の納付記録は、原則とし
て老齢厚生年金（報酬比例部分）の額のみに反映し、年金を受
給するための支給要件は、当事者自身の年金記録によって

判断されます。

第8節　失業等給付との調整

１ 老齢厚生年金と失業給付との調整の趣旨

　平成15年3月以前は、老齢厚生年金と雇用保険（および船員保険）の失業給付は併給されていましたが、①両方の給付額を合計した金額は高額になっていること、②加重給付の抑制、③所得保障の合理性を保つ等の理由から、両方の給付が支給されている間は、失業給付を優先し、60歳台前半に支給される老齢厚生年金の全額が支給停止されることになりました。

２ 老齢厚生年金と併給調整の対象とならない失業等給付

　平成10年4月1日前に受給権を取得した老齢厚生年金（未請求者を含む）と併給される基本手当（船員保険では「失業保険」という）のほかに次の失業等給付は、調整の対象となりません。
　①本来支給（65歳からの老齢厚生年金）と併給される基本手当
　　……失業等給付との併給調整は、60歳台前半（船員については55歳以降60歳台前半まで）の特別支給の老齢厚生年金が対象となりますので、65歳前に離職した受給資格者が、65歳以降も支給残日数に係る基本手当を受給する場合は、現在のところ併給調整がありません。
　②65歳以降に支給される「高年齢求職者給付金」……高年齢求職者給付金は、65歳以後に離職した場合に支給されますので、65歳以降支給される老齢厚生年金との併給調整はありません（⇨P.206）。
　③60歳以降の船員に支給される「高齢求職者給付金」

……高齢求職者給付金は、60歳以後に離職した場合に支給され、60歳台前半の老齢厚生年金と併給されます。

3 老齢厚生年金と高年齢雇用継続給付との併給調整

高年齢雇用継続給付とは、雇用保険の被保険者期間が5年以上ある60歳以上65歳未満の雇用保険の被保険者に対して、賃金額が60歳到達時の75%未満となった場合を対象に、最高で賃金額の15%に相当する額を支給するものです。

厚生年金保険の被保険者で、60歳台前半の老齢厚生年金を受けている人が雇用保険の高年齢雇用継続給付（高年齢雇用継続基本給付金・高年齢再就職給付金）を受けられるときは、在職による年金の支給停止（⇨P.129）に加えて、最大で標準報酬月額の6%に相当する額が支給停止されます。

(1)老齢厚生年金と高年齢雇用継続基本給付金の具体的調整方法

高年齢雇用継続基本給付金の支給を受けている間、老齢厚生年金の受給については、在職老齢厚生年金の支給調整を行った上で、さらに以下の調整が行われます。

①賃金月額が60歳到達時点の61%未満のとき……支給停止額＝標準報酬月額×6%。標準報酬月額が、60歳に達した日を離職日とみなして得た賃金日額（雇用保険では「みなし賃金日額」という）×30日の61%未満の場合、標準報酬月額の6%相当額が支給停止となります。

②賃金月額が60歳到達時点の61%以上75%未満のとき……賃金月額（船保は標準報酬月額）がみなし賃金日額（船保は給付基礎日額）×30日の61%以上75%未満の場合、高年齢雇用継続給付の給付率が15%から減少する程度に応じて標準報酬月額の6%相当額から一定の割合で逓減された額が支給停止となります。

※60歳到達時点の賃金月額の上限は478,500円です（令和4年8月現在）。

③賃金月額と高年齢雇用継続給付の合計額が支給限度額（364,595円：令和4年8月～）を超えるとき……賃金月額（船保は標準報酬月額）と①または②により支給停止されるべき額の6分の15に相当する額との合算額が、雇用保険法による高年齢雇用継続基本給付金（船員は、船保法による高齢継続基本給付金）の支給限度額を超える場合、雇用保険法（または船員保険法）による支給限度額から賃金月額（船保は標準報酬月額）を差し引いた額の15分の6に相当する額が支給停止となります。なお、「賃金月額」がみなし賃金日額×30の75%以上である場合、および支給限度額を超える場合は、高年齢雇用継続給付が支給されないため、この調整を必要としませんので、(1)の厚生年金保険法による在職老齢厚生年金の支給調整のみが行われます。

【表10】みなし賃金月額に対する標準報酬月額の割合に応じた老齢厚生年金の支給停止率（早見表）

賃金割合	停止率	賃金割合	停止率	賃金割合	停止率	賃金割合	停止率
74.50%	0.18%	71.00%	1.47%	67.50%	2.90%	64.00%	4.49%
74.00%	0.35%	70.50%	1.67%	67.00%	3.12%	63.50%	4.73%
73.50%	0.53%	70.00%	1.87%	66.50%	3.34%	63.00%	4.98%
73.00%	0.72%	69.50%	2.07%	66.00%	3.56%	62.50%	5.23%
72.50%	0.90%	69.00%	2.27%	65.50%	3.79%	62.00%	5.48%
72.00%	1.09%	68.50%	2.48%	65.00%	4.02%	61.50%	5.74%
71.50%	1.28%	68.00%	2.69%	64.50%	4.26%	61%※	6.00%

※賃金割合75%以上の場合、高年齢雇用継続給付は支給されません。

(2)厚生年金基金から支給される代行部分と雇用保険との調整

①失業給付との調整……厚生年金基金から支給される年

138

金のうち、国の代行部分の年金額については、本体部分と同様に全額支給停止できることになっています。

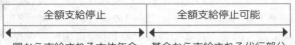

全額支給停止	全額支給停止可能
国から支給される本体年金	基金から支給される代行部分

※基金分は、基金ごとの定款を改正することにより全額の支給を停止できます。

②高年齢雇用継続給付との調整……在職者にかかる老齢厚生年金のしくみによる支給停止額(a^1)に上乗せして支給停止(a^2部分)できることになっています。したがって、厚生年金基金は、本体において支給停止しきれなかった部分との合算額(A)を支給停止できます。

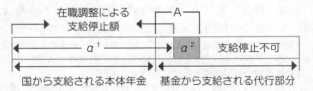

国から支給される本体年金　基金から支給される代行部分

※ $a^1 + a^2$ の合算額が本体内で収まる場合は、基金分(代行部分)の支給停止はできません。

第9節　障害厚生年金

1 障害厚生年金の支給要件

　厚生年金保険の被保険者期間に初診日がある傷病により、障害認定日において障害の程度が国年法施行令別表または厚年法施行令別表第一に定める障害の状態に該当する人が、初診日の前日において、初診日の前々月までに国民年金被保険者期間がある場合には、その被保険者期間の3

分の2以上が保険料納付済期間および保険料免除期間で占められていることが必要です。

　なお、令和8年3月31日までに初診日がある人は、初診日（65歳未満の間にある初診日に限る）の前日において、初診日の属する月の前々月までの直近の1年間に国民年金保険料未納期間がなければよいとされています。

　共済組合の組合員で、初診日が被用者年金一元化前（平成27年9月30日以前）にあっても、受給権発生日が一元化後（平成27年10月1日以降）の場合は、障害共済年金ではなく、障害厚生年金の対象となります。一元化前の障害共済年金については、保険料納付要件は問われていませんでしたが、一元化後は共済組合の組合員等も保険料納付要件を満たす必要があります。

　なお、複数の種別の厚生年金被保険者期間がある場合、初診日時点での種別の実施機関より支給されます。

　※障害厚生年金の支給要件についても、障害基礎年金の支給要件と同様、平成25年7月1日から「第3号不整合期間がある場合の受給資格期間の特例」が実施されています（⇨P.91）。
　平成25年7月1日時点で、第3号不整合期間を保険料納付済期間として障害厚生年金を受給している人の扱いについても同様です。

② 障害厚生年金の支給額

(1)障害厚生年金の額

　障害厚生年金の額は、障害の程度に応じ次のようになります。障害の程度が1級または2級に該当する人は、国民年金の障害基礎年金と併せて受けることができます。また、障害厚生年金の1級または2級の年金を受けることができる人に、生計維持関係のある配偶者がいる場合には、加給年金額が加算されます

　①1級……報酬比例の額×1.25＋障害基礎年金（1級）＋加

給年金額

②**2級**……報酬比例の額＋障害基礎年金(2級)＋加給年
　　金額

③**3級**……報酬比例の額(最低保障あり)

※障害厚生年金に加算される加給年金額は、受給権発生後の婚姻
　等により新たに生計維持関係が認められる配偶者が生じた場合
　でも支給されます(平成23年4月改正)。

(2)障害厚生年金の額の計算

　障害厚生年金の額は、老齢厚生年金の報酬比例の額の規
定により計算されます。なお、被保険者期間については、
原則として受給権発生日の当月までの期間を基礎として計
算します。

　報酬比例の額は、次の①～②によって算出した額を比
べ、どちらか高い額が支給されます。

$$
\text{報酬比例の額} = \begin{array}{c} \text{平成15年3月以前の} \\ \text{被保険者期間分} \\ \text{(総報酬制前)} \end{array} + \begin{array}{c} \text{平成15年4月以降の} \\ \text{被保険者期間分} \\ \text{(総報酬制後)} \end{array}
$$

$$
\boxed{\text{①本来水準の額}}
$$

$$
\parallel
$$

$$
\text{平均標準報酬月額} \times \frac{7.125^{*}}{1000} \times \begin{array}{c} \text{平成15年3月以前の} \\ \text{被保険者期間分} \end{array}
$$

$$
+
$$

$$
\text{平均標準報酬額} \times \frac{5.481^{*}}{1000} \times \begin{array}{c} \text{平成15年4月以降の} \\ \text{被保険者期間分} \end{array}
$$

※生年月日による読み替えはなく、すべて同じ乗率となります。

$$\boxed{②従前額保障}$$

$$=$$

$$平均標準報酬月額 \times \frac{7.5^{※}}{1000} \times \begin{array}{l}平成15年3月以前の \\ 被保険者期間分\end{array}$$

$$+$$

$$平均標準報酬額 \times \frac{5.769^{※}}{1000} \times \begin{array}{l}平成15年4月以降の \\ 被保険者期間分\end{array}$$

$$\times$$

従前額改定率　令和5年度1.014（昭和13年4月1日以前生まれは1.016）

※生年月日による読み替えはなく、すべて同じ乗率となります。

(3)被保険者期間月数

被保険者期間の月数が300月（25年）未満の場合は、300月として計算されます。

(4)障害厚生年金(3級)の最低保障

3級の障害厚生年金には、障害基礎年金が支給されないため、障害厚生年金の額が、障害基礎年金(2級)の額に4分の3を乗じて得た額に満たない場合は、その額が支給されます。平成16年の法改正の経過措置により、令和5年度の最低保障額は新：596,300円、既：594,500円となります。

(5)障害厚生年金の計算の基礎となる被保険者期間

障害認定日（初めて2級による障害厚生年金については基準障害に係る障害認定日。以下同じ）後の被保険者期間は、年金額計算の基礎となる被保険者期間に算入されません。

(6)加給年金額

加給年金額(228,700円)は、受給権者によって生計を維持する配偶者（前年の収入が850万円未満）がいる場合に限られ、

18歳に達した日以後の最初の3月31日が経過する前の子、または2級以上の障害の状態にある20歳未満の子がいる場合の加算額は、障害基礎年金に加算されます。

③ 障害厚生年金のその他の支給要件および年金額の改定

(1)事後重症制度

事後重症制度による障害厚生年金は、障害認定日に障害等級に該当しなかった人の障害の程度がその後悪化して、65歳になる日の前日までに障害等級(3級以上)に該当し、請求した場合に支給されます。

(2)併合して初めて該当する障害厚生年金

併合して初めて該当する障害厚生年金の趣旨は、障害基礎年金の場合と同じです(⇨P.94)。

ただし、「基準障害」に係る初診日は厚生年金保険の被保険者期間にあり、初診日が施行日前にある場合でも、新法の保険料納付要件が適用されます。

(3)その他障害が加わり併合改定

先発の障害厚生年金(障害基礎年金)の受給権者に、さらに2級に該当しない程度の障害が加わり、障害の程度がより重くなった場合に、受給権者の請求により改定できるしくみです。

(4)障害厚生年金の額の改定

基本的には、障害基礎年金の場合と同じです(⇨P.98)。

(5)支給停止

障害の程度が障害等級に該当しない程度の障害の状態(3級未満)になると、障害厚生年金の支給は停止されます。

(6)失権

障害厚生年金は、受給権者が次のいずれかに該当したときに受給権が消滅します。

①死亡したとき

②障害等級に該当しない人が65歳に達したとき、または障害等級に該当しなくなった日から起算して3年を経過した日のいずれか遅い方が到来したとき

4 障害手当金の支給要件と支給額

(1)障害手当金の支給要件

　厚生年金保険の被保険者期間に初診日のある傷病が、初診日から5年を経過する日までの間に治癒した場合で、その治癒した日において障害の程度が厚年法施行令別表第二に定める障害の状態にある人に障害手当金が一時金として支給されます。

　保険料納付要件は、障害厚生年金と同じです。

(2)障害手当金の額

　障害手当金の額は、障害厚生年金3級の額の2倍に相当する額になります。ただし、障害手当金の額が障害基礎年金(2級)の4分の3に2を乗じて得た額に満たないときは、その額が支給されます(令和5年度の最低保障額　新：1,192,600円、既：1,189,000円)。この最低保障額は、年金額と同様に毎年度改定が行われます。

第10節　遺族厚生年金

1 支給要件

　遺族厚生年金は、厚生年金保険の被保険者期間に生じた保険事故(死亡)を対象としています。

　また、被保険者期間に発病(初診日)がある傷病による被保険者資格喪失後の死亡、老齢厚生年金や障害厚生年金

(障害等級2級以上)の受給権者の死亡に対する遺族厚生年金もあります。

(1)遺族厚生年金の支給要件の基本的事項

　厚生年金保険の被保険者または被保険者だった人で、次の①〜④の要件のいずれかに該当する人が死亡した場合、死亡した人によって生計を維持されていた遺族(配偶者、子、孫、父母、祖父母)がいるときに、その遺族に遺族厚生年金が支給されます。

　なお、支給要件の①〜②については、死亡日の前日において、死亡日の属する月の前々月までに国民年金の被保険者期間がある場合は、被保険者期間の3分の2以上(経過措置あり。(2)参照)が保険料納付済期間と保険料免除期間で占められていることが必要とされます。

　①被保険者が死亡したとき

　②被保険者期間に初診日がある傷病が原因で、初診日から起算して5年を経過する前に死亡したとき

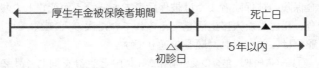

　③障害等級1級または2級の障害の状態にある障害厚生年金の受給権者が死亡したとき

　④老齢厚生年金の受給権者、老齢厚生年金の受給資格期間を満たした人(いずれも原則25年以上の受給資格期間がある人に限定)。遺族基礎年金同様、25年の受給資格期間がなくても、支給要件の特例の①〜③のいずれかに該当すれば、当該受給資格期間を満たしたことになります。

※未請求者を含めて受給権者(全額支給停止の人を含む)が死亡したときです。

(2)支給要件の経過措置

(1)の①および②の支給要件の場合、令和8年3月31日までは、死亡日(死亡した日において65歳未満であるときに限る)の前日において、死亡日の属する月の前々月までの直近の1年間(死亡日に国民年金の被保険者でないときは、死亡日の属する月の前々月以前における直近の被保険者期間に係る月までの1年間)に保険料未納期間がなければよいことになっています。

> ※遺族厚生年金の支給要件についても、遺族基礎年金の支給要件と同様、平成25年7月1日から「第3号不整合期間がある場合の受給資格期間の特例」が実施されています(⇨P.101)。
> 平成25年7月1日時点で、第3号不整合期間を保険料納付済期間として遺族厚生年金を受給している人の扱いについても同様です。

2 遺族厚生年金の遺族の範囲と順位

(1)遺族厚生年金における遺族の範囲と順位

遺族厚生年金の支給を受けられる遺族の範囲は、厚生年金保険の被保険者または被保険者であった人が死亡した場合、死亡した人に生活を支えられていた次の人(遺族)です。順位は、並べられた順番の通りです。

① 子(遺族基礎年金の受給権者である子)と生計を同じくする配偶者[1]

② 子(18歳以後の最初の3月31日が到来していない子、または障害等級2級以上で20歳未満の子)

③ 子(遺族基礎年金の受給権者である子)と生計を同じくしない配偶者、または子のいない配偶者[1][2]

④ 父母(55歳以上)

⑤ 孫(18歳以後の最初の3月31日が到来していない孫、または障害等級2級以上で20歳未満の孫)

⑥ 祖父母(55歳以上)

※①から③までは、順位が上の人が遺族厚生年金の権利を失った
り、1年以上所在が明らかでなかったりなどにより、支給停止と
なる場合は、次順位の人が実際に受給できます。
　④から⑥に該当する人は、被保険者等の死亡当時に先順位者が
いると遺族厚生年金の権利そのものが発生しません。なお、同順
位者が複数いるときは、同順位者の数で割った金額を受給でき
ます。
※夫、父母、祖父母の受給開始は60歳からです(55歳から60歳
までは支給停止)。ただし、同時に遺族基礎年金も受給する夫は
55歳から受給できます。
※1　配偶者のうち夫は、妻の死亡当時55歳以上であることが条
件となります。
※2　30歳未満の妻で子がいない場合は、5年間の有期給付とな
ります。

(2)死亡した人に生計を維持されていたと認められる人の収入基準

　遺族厚生年金では、遺族の前年(前年が確定していないとき
は前々年)の収入が850万円未満または所得が655万5千円
未満である場合、死亡した人によって生計を維持されていた
遺族と認められます。

3 遺族厚生年金と老齢厚生年金の受給権が同時にある場合の取扱い

　遺族厚生年金の受給権者が、老齢厚生年金も受けられる
場合は、次のようになります。

(1)遺族厚生年金の受給権者が65歳以上の場合

　まず自分自身の老齢厚生年金が全額支給され、遺族厚生
年金※が老齢厚生年金より多い場合は、その差額部分が遺
族厚生年金として支給されます。

※配偶者の場合、次のいずれか多い方となります。
　①遺族厚生年金
　②遺族厚生年金の2/3と自分自身の老齢厚生年金の1/2の合計額

⑵遺族厚生年金の受給権者が60歳以上65歳未満の場合

　「遺族厚生年金」または「自分自身の特別支給(60歳台前半)の老齢厚生年金」のいずれかを選択します。

⑶老齢基礎年金の支給の繰上げを受けている人に係る取扱い

　老齢基礎年金の支給の繰上げを受けている人は、65歳までは併給されず、「遺族基礎年金・遺族厚生年金」と「老齢基礎年金」いずれかの年金を選択することになります。したがって、支給の繰上げを請求する場合は、配偶者の年金との関係を考慮した上で請求する必要があります。

④ 遺族厚生年金の支給額

⑴短期要件

　次の要件で支給される遺族厚生年金は、被保険者期間月数が300月に満たない場合、300月として計算されます。このような場合は「短期要件」による遺族厚生年金と呼ばれています。

　①被保険者である人が死亡したとき

　②被保険者であった間に初診日がある傷病が原因で、その傷病の初診日から起算して5年以内に死亡したとき

　③障害厚生年金2級以上の受給権者が死亡したとき

　死亡した人に複数の種別の厚生年金被保険者期間があり、短期要件である場合は、死亡日(①の場合)または初診日(②③の場合)時点での種別の実施機関より支給されます。

⑵長期要件

　遺族厚生年金は、老齢厚生年金の受給権者(受給資格期間が原則25年以上)が死亡した場合や、厚生年金被保険者期間と25年(原則)以上の老齢基礎年金の受給資格期間を満たした人が死亡した場合も被保険者期間月数に応じて支給され、「長期要件」による遺族厚生年金と呼ばれています。

また、大正15年4月1日以前生まれの旧厚年法の老齢年金受給者が死亡した場合も要件を満たせば、遺族厚生年金が受給可能です。

　死亡した人に複数の種別の厚生年金被保険者期間があり、長期要件である場合は、被保険者の種別ごとに計算され、各実施機関より支給されます。

(3)遺族厚生年金の年金額

　報酬比例部分×3/4

　報酬比例部分は、次の計算式①〜②によって算出した額を比べて、どちらか高い額が支給されます。

$$
\begin{array}{c}
\text{報酬比例} \\
\text{部分の額}
\end{array} =
\begin{array}{c}
\text{平成15年3月以前の} \\
\text{被保険者期間分} \\
\text{（総報酬制前）}
\end{array} +
\begin{array}{c}
\text{平成15年4月以降の} \\
\text{被保険者期間分} \\
\text{（総報酬制後）}
\end{array}
$$

$$
\boxed{\text{①本来水準の額}}
$$

$$
=
$$

$$
\text{平均標準報酬月額}^{※1} \times \frac{7.125 \sim 9.5^{※2}}{1000} \times
\begin{array}{c}
\text{平成15年3月以前の} \\
\text{被保険者期間月数}
\end{array}
$$

$$
+
$$

$$
\text{平均標準報酬額}^{※1} \times \frac{5.481 \sim 7.308^{※3}}{1000} \times
\begin{array}{c}
\text{平成15年4月以降の} \\
\text{被保険者期間月数}
\end{array}
$$

$$
\times
$$

$$
\boxed{3/4}
$$

※1　平成16年改正による令和5年度再評価率を用いる。
※2　P.153【表8】報酬比例部分の乗率参照。短期要件の場合は7.125。
※3　P.153【表8】報酬比例部分の乗率参照。短期要件の場合は5.481。

$$\boxed{\text{②従前額保障}}$$

$$=$$

$$\boxed{\text{平均標準報酬月額}^{※1} \times \frac{7.5 \sim 10^{※2}}{1000} \times \text{平成15年3月以前の被保険者期間月数}}$$

$$+$$

$$\boxed{\text{平均標準報酬額}^{※1} \times \frac{5.769 \sim 7.692^{※3}}{1000} \times \text{平成15年4月以降の被保険者期間月数}}$$

$$\times$$

$$\boxed{\text{従前額改定率 令和5年度1.014(昭和13年4月1日以前生まれは1.016)}}$$

※1　平成6年改正による再評価率を用いる。
※2　P.153【表8】報酬比例部分の乗率参照。短期要件の場合は7.5。
※3　P.153【表8】報酬比例部分の乗率参照。短期要件の場合は5.769。

(4)配偶者以外の受給権者が2人以上いる場合の年金額

　子、父母または祖父母が受給権者となり、受給権者が複数となる場合の1人の年金額は、受給権者の数で除した額(端数は整理)になります。

(5)受給権者に増減が生じた場合の年金額の改定

　配偶者以外の受給権者に増減があったときは、増減のあった月の翌月から年金額が改定されます。

(6)遺族厚生年金の加算額等の支給要件(中高齢者の寡婦加算額)

　①趣旨と金額……旧厚年法による遺族年金は、基本年金額(定額部分＋報酬比例部分)の2分の1でしたが、新年金制度では、定額部分が1階部分として基礎年金制度に組み入れられたため、子が18歳に達した後、最初の3月31日に達して遺族基礎年金の受給権を失権した場

合は、年金額は激減します。その緩和措置として、遺族である妻が自分の老齢基礎年金を受給できる年齢（65歳）に達するまで596,300円（令和5年度）が加算される制度です。

②支給要件……支給要件は、いずれかに該当することです。

　ア　遺族である妻が遺族厚生年金の受給権を取得した当時、40歳以上65歳未満であること

　イ　妻が40歳前に遺族厚生年金の受給権者となった場合は、妻が40歳に達した当時に遺族基礎年金の受給権者である子と生計を同じくしていたこと

※長期要件の場合、死亡した夫の厚生年金被保険者期間が240月以上（中高齢の特例含む）必要です。

③加算期間

　ア　子のない妻が40歳以後に受給権を取得した場合は、受給権取得以降65歳未満の間加算されます。

　イ　遺族基礎年金受給権者である子と生計を同じくする妻が受給権を取得した場合は、40歳以上65歳未満の間で、かつ、すべての子が遺族基礎年金の受給権者でなくなったときの翌月から加算されます。

(7)**遺族厚生年金の加算額等の支給要件（経過的寡婦加算額）**

①趣旨……中高齢者の寡婦加算と同趣旨で、65歳到達時に中高齢の寡婦加算額がなくなると、施行日（昭和61年4月1日）前に国民年金に加入しなかった妻は、自分の老齢基礎年金が極端に少なくなる場合があるため、遺族厚生年金の激減緩和の措置として、施行日の年齢に応じて経過的に寡婦加算額が支給されます。

②支給要件……昭和31年4月1日以前に生まれた妻で、次のいずれかに該当したときに、経過的寡婦加算額が支給されます。

ア　中高齢の寡婦加算額が加算されていた遺族厚生年
　金の受給権者が65歳に達したとき

イ　65歳以降に初めて子のいない妻が遺族厚生年金の
　受給権者となったとき（長期要件の場合は夫の厚生年金被
　保険者期間が240月以上（中高齢の特例含む）あること）。

③加算額……594,500円 −（792,600円 × 受給者の生年月
　日に応じた率）

⑤ 遺族厚生年金の支給停止と失権

(1)遺族厚生年金の支給停止

①遺族基礎年金の受給権がない配偶者に支給する遺族厚
　生年金は、子に遺族基礎年金の受給権がある間は支給
　が停止されます。

②業務上の事由による死亡の場合、同一の事由により労
　働基準法から遺族補償がされるときは、遺族厚生年金
　は死亡した日から6年間支給停止となります。ただし、
　労働者災害補償保険から遺族（補償）等年金が支給され
　る場合は、遺族厚生年金は全額支給され、労働者災害
　補償保険において支給される遺族（補償）年金が一定率
　減額調整されます。

(2)遺族厚生年金の失権

次のいずれかに該当したときは、遺族厚生年金の受給権
を失います。

①死亡したとき

②結婚したとき（事実上婚姻関係と同様の事情にある場合を含む）

③直系血族および直系姻族以外の人の養子となったとき
　（事実上の養子縁組関係を含む）

④死亡した被保険者との親族関係が離縁によって終了し
　たとき

⑤子・孫が18歳に達した日以後、最初の3月31日が終了したとき（障害等級1級・2級の状態にあるときは20歳に達したとき）

⑥障害等級1級・2級の状態にあるため受給権を有している人が、障害の状態になくなったとき（ただし、18歳の年度末に達していないときを除く）

⑦父母・祖父母に支給する遺族厚生年金は、被保険者の死亡当時に胎児であった子が出生したとき

⑧夫が亡くなったときに30歳未満で子のない妻が、遺族厚生年金を受ける権利を得てから5年を経過したとき（夫が亡くなったときに胎児であった子が生まれ、遺族基礎年金を受けられるようになった場合を除く）（平成19年4月1日施行）※

⑨遺族基礎年金と遺族厚生年金を受けていた妻が、30歳に到達する前に遺族基礎年金を受ける権利がなくなり、その権利がなくなってから5年が経過したとき（平成19年4月1日施行）。平成19年4月1日以降に夫が亡くなり、遺族厚生年金を受けるようになった場合に限ります。

第11節　短期在留外国人に支給する脱退一時金

平成7年4月1日の改正で、老齢または退職給付の受給権者とならない短期在留外国人に支給される脱退一時金が制度化されました。

この請求があった場合、旧船保の被保険者期間は、脱退手当金を旧厚年法の例により支給される場合に準じて、厚生年金の被保険者期間に換算して支給額が決定されます。

1 支給要件

　国民年金保険料を納付した期間が6ヵ月以上(複数制度の期間通算は行わない)ある人または厚生年金保険の被保険者期間が6ヵ月以上ある人で日本国籍を有しない人が、被保険者資格喪失後に帰国し、帰国後2年以内(厚年の被保険者が外国にある間に被保険者資格を喪失したときは、被保険者資格喪失後2年以内)に請求があったとき、被保険者期間に応じた脱退一時金が支給されます。

　ただし、次のいずれかに該当する場合は支給されません。
①日本国内に住所があるとき
②次に掲げる制度の障害・遺族給付の受給権者となったことがあるとき
　ア　障害厚生年金
　イ　障害手当金
　ウ　特例老齢年金
　エ　旧法による障害年金および障害手当金
　オ　旧船保法による障害年金および障害手当金
③最後に国民年金被保険者資格を喪失した日(資格喪失日に日本国内に住所があるときは、住所を日本国内に有しなくなった日)から2年以上経過しているとき
④外国の類似する年金制度(政令に定める年金)に加入しているとき

2 支給額および支給率

(1)支給額

　支給額は、厚生年金保険の被保険者期間に応じて、その期間の平均標準報酬額(再評価なし)に支給率を乗じた額となります。

(2)支給率

　厚生年金保険の被保険者資格を喪失した日の属する月の前月（被保険者期間の最後の月）を最終月とし、この最終月が支給率を決定する基準となります。支給率は、最終月の属する年の前年の10月（最終月が1月〜8月の場合は前々年の10月）の保険料率をもとにして次の計算で決まります。

$$\text{支給率} = \boxed{\begin{array}{c}\text{最終月の属する年の}\\\text{前年10月の保険料率}\end{array}} \times \frac{1}{2} \times \boxed{\begin{array}{c}\text{【表11】の被保険者}\\\text{期間に応じた月数}^{※}\end{array}}$$

※最終月が令和3年度以降の場合

【表11】被保険者期間に応じた月数

被保険者期間月数	月数	被保険者期間月数	月数
6月以上12月未満	6月	36月以上42月未満	36月
12月以上18月未満	12月	42月以上48月未満	42月
18月以上24月未満	18月	48月以上54月未満	48月
24月以上30月未満	24月	54月以上60月未満	54月
30月以上36月未満	30月	60月以上	60月

　※支給率に小数点以下第1位未満の端数がある場合は四捨五入します。

(3)平成15年4月1日前の被保険者期間（総報酬制導入前）がある場合の取扱い

　「平成15年4月1日前の被保険者期間中の標準報酬月額に1.3を乗じた額」と「平成15年4月1日以後の被保険者期間中の標準報酬月額および標準賞与額」とを合計した額を全被保険者期間の月数で除して平均標準報酬額とします。その額に(2)の支給率を乗じて支給額を計算します。

3 脱退一時金の効果

　脱退一時金の支給を受けた期間は、被保険者でなかったものとみなされます。

第12節　脱退手当金

　旧法の厚年法では、60歳に到達したとき、または60歳に到達した後に被保険者資格を喪失し、老齢厚生年金の受給権者となることができない場合は、脱退手当金を請求できることになっていました。

　請求権に係る時効の起算日は、請求日の翌日からとなります(平成8.10.29庁文発3291)。したがって、過去に廃止された「脱退手当金」の支給要件に該当しながら、一度も請求したことがない人が60歳に達した場合は、改めて請求することができます。

　また、被保険者であった人が、60歳以降に死亡した場合も、未支給の脱退手当金として、遺族が請求できます。なお、昭和61年の基礎年金の導入によって、昭和16年4月1日以前生まれの人を除いて、脱退手当金制度は廃止されました。

1 支給要件

　脱退手当金は、次の要件すべてに該当する人に支給されます。なお、被保険者期間が5年以上ある60歳以上の被保険者が老齢厚生年金の受給権者となることなく退職したときは、退職したときに支給されます。また、旧船保法による被保険者期間が3年以上ある人が、旧厚年法の規定により支給されないときは、旧船保法の脱退手当金に関する規定に基づき支給されます。

　①昭和16年4月1日以前に生まれた人であること
　②厚生年金保険(旧船員保険を含む)の被保険者期間が60月以上あること
　③老齢厚生年金の受給資格期間を満たしていないこと

④被保険者の資格を喪失していること

⑤60歳に達していること

ただし、厚生年金保険法の改正による経過措置として、前記①〜⑤までの要件を満たしていなくても次の条件のいずれかを満たしている場合は、年齢要件に関係なく脱退手当金が支給されます。

- 明治44年4月1日以前に生まれた人で、男子は被保険者期間が5年以上で55歳以上、女子は被保険者期間が2年以上あって、いずれも被保険者の資格を喪失していること
- 昭和29年5月1日前に被保険者期間が5年以上の女子が昭和29年5月1日前に資格を喪失し、かつ同年4月30日において50歳未満で、その後被保険者となることなく55歳に達したとき
- 被保険者期間が2年以上ある女子が昭和53年5月31日までに資格を喪失したときなお、次のいずれかに該当する人には支給されません。
  - 受給権者が障害年金(障害厚生年金)の受給権者であるとき
  - すでに支給された障害年金(障害厚生年金)または障害手当金の額が脱退手当金の額を超えているとき

2 支給額

支給額 ＝ | 被保険者期間の平均標準報酬月額
(再評価しない月額) | × | 乗率
(次頁【表12】参照) |

なお、平成15年4月1日以後に支給する場合において、平成15年4月1日前の被保険者期間があるときは、次により計算されます。

①平成15年4月1日前の各月の
　標準報酬月額の総和
②平成15年4月1日以後の各月
　の標準報酬月額の総和÷1.3
③平成15年4月1日以後の標準
　賞与額の総和÷1.3

合算額÷全被保険者期間×乗率※

※【表12】参照)

【表12】厚生年金保険の脱退手当金の支給率

被保険者期間 （1種または3種）	率	被保険者期間 （2種）	率
60月以上72月未満	1.1	24月以上36月未満	0.6
72月以上84月未満	1.3	36月以上48月未満	0.9
84月以上96月未満	1.5	48月以上60月未満	1.2
96月以上108月未満	1.8	60月以上72月未満	1.5
108月以上120月未満	2.1	72月以上84月未満	1.8
120月以上132月未満	2.4	84月以上96月未満	2.1
132月以上144月未満	2.7	96月以上108月未満	2.4
144月以上156月未満	3.0	108月以上120月未満	2.8
156月以上168月未満	3.3	120月以上132月未満	3.2
168月以上180月未満	3.6	132月以上144月未満	3.6
180月以上192月未満	3.9	144月以上156月未満	4.0
192月以上204月未満	4.2	156月以上168月未満	4.4
204月以上216月未満	4.6	168月以上180月未満	4.8
216月以上228月未満	5.0	180月以上192月未満	5.2
228月以上	5.4	192月以上204月未満	5.7
		204月以上216月未満	6.2
		216月以上228月未満	6.7
		228月以上	7.2

第13節　厚生年金基金

⬛ 厚生年金基金のしくみ

　厚生年金基金は、国が行う「老齢厚生年金（報酬比例部分）」の事業を代行して行うものです。国の代行部分に上乗せして、プラスアルファ部分の給付を行うことが義務付けられ

ています。

(1)加入員

　厚生年金基金の加入員は、厚生年金保険の一般被保険者と同様に70歳になるまで加入します。

　なお、70歳になっても被保険者期間が不足し、老齢基礎年金の受給権者となることができない人は、老齢基礎年金等の受給権を得るまで、高齢任意加入被保険者となることができます。その場合、基金設立事業所の事業主の同意を得て、高齢任意加入被保険者の保険料の半額を負担する場合は、基金加入員となることができます。

(2)厚生年金基金の掛金と厚生年金の保険料

　厚生年金基金の加入員（被保険者）は、国（厚生保険特別会計）に保険料を納めますが、一定割合（免除保険料率）の保険料は免除されており、各基金が免除保険料率に基づき決める掛金を基金に納めます。つまり、国の保険料と基金の掛金をそれぞれ負担します。

　①**基金に納める掛金**……基金の掛金額は、事業主から受ける給与（報酬標準給与）の月額およびボーナス（賞与標準給与）の額に、基金が納める掛金率を乗じて計算されます。なお、基金の厚生年金保険料の免除率は、2.4%〜5.0%までの27段階あります。

　②**国に納める保険料**……厚生年金基金に加入する事業所が国に納める厚生年金保険料は、基金加入員以外の被保険者が納めるべき保険料から免除保険料を除いた額になります。

※保険料については、P.115【表1】を参照。

2 厚生年金基金加入員の老齢給付

　厚生年金基金加入員の給付は、国の代行部分のほかにプ

ラスアルファ部分の給付になります。

(1)平成15年3月以前の期間のみの場合

①国の代行部分

$$\boxed{\begin{array}{c}\text{平均標準報酬月額}\\(\text{再評価なし})\end{array}} \times \frac{9.5 \sim 7.125}{1000} \times \boxed{\text{基金加入期間月数}}$$

②国から支給される老齢厚生年金（報酬比例部分）

$$\left[\boxed{\begin{array}{c}\text{再評価後の}\\\text{平均標準報酬月額}\end{array}} \times \frac{9.5 \sim 7.125}{1000} \times \boxed{\begin{array}{c}\text{全被保険者}\\\text{月数}\end{array}}\right] - \boxed{\begin{array}{c}①\\\text{の額}\end{array}}$$

(2)平成15年4月以降の期間がある場合

平成15年4月1日以後の期間がある場合の代行部分の額は、まず、平成15年3月31日以前の期間分は(1)の①の計算方法により額を算定し、平成15年4月1日以後の期間分は次の①の計算方法により額を算定し、合算した額となります。

①国の代行部分

$$\boxed{\begin{array}{c}\text{平均標準報酬額}\\(\text{再評価なし})\end{array}} \times \frac{7.308 \sim 5.481}{1000} \times \boxed{\text{基金加入期間月数}}$$

②国から支給される老齢厚生年金（報酬比例部分）

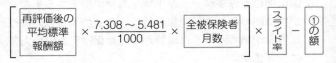

また、国から支給される老齢厚生年金の額は、(1)の②と(2)の②を合算した額になります。

なお、基金が上乗せ分として支給する、いわゆる「プラスアルファ部分」は、報酬標準給与、賞与標準給与に基づ

き算定された額となります。

(3)基金加入期間がある人の在職老齢年金

※支給停止基準額＝厚生年金基金加入員期間がない場合の支給停止額

① 「支給停止基準額＜国からの支給額」の場合……国からの支給額＝国からの支給額－支給停止基準額＋加給年金額

② 「国および厚生年金基金からの支給額の合算額＞支給停止基準額≧国からの支給額」の場合……国からの支給額＝加給年金額＋厚生年金基金からの支給額

③ 「支給停止基準額≧国および厚生年金基金からの支給額の合算額」の場合……国からの支給額は全額支給停止となりますが、厚生年金基金は基金ごとの定款で支給停止が定められています。自制度の厚生年金基金に加入中は、支給停止となりますが、他の企業に勤めたことにより、基金加入員でなくなれば全額支給されるようです。

※厚生年金基金は、平成25年の改正によって制度が見直され、平成26年4月から、新設の禁止、解散および他の企業年金制度への移行の促進が進められています。

第6章 労働者災害補償保険

第1節 制度の概要（目的）

労働者災害補償保険法（以下「労災保険法」という）は、業務上または通勤による労働者の負傷・疾病、障害、死亡等に関して、迅速かつ公正な保護をするため、保険給付および社会復帰促進等事業を行うこと等を目的としています。

※令和2年9月より、労働者は複数事業労働者を含みます。
※通勤災害による保険給付については、業務上の給付内容と同様のため、本書では特段に節を設けず、保険給付の名称を併記しています。

第2節 適用事業

❶ 当然適用事業

労災保険法は、労働者を使用するすべての事業に適用されます。ただし、国の直営事業、非現業の中央・地方の官公署には、労災保険法の適用はありません。これらの適用除外事業を除いた事業は、原則として適用事業となり、その事業が開始された日、または適用事業に該当することとなった日に、法律上、労災保険の保険関係が成立します。

船員については、船員保険法の適用を受け、労災保険法の適用はありませんでしたが、平成22年1月1日より船員保険制度のうち労災保険相当部分（職務上疾病・年金部門）が労災保険に統合されました。これにより、平成22年1月1日以降、船員保険の被保険者である労働者は労災保険法の適用となり、平成22年1月1日以降に発生した業務上災害・通勤災害の補償については労災保険から支給されることに

なります。

2 暫定任意適用事業

　個人経営の事業で、常時使用労働者数が5人未満の農業や水産業、常時労働者を使用しない林業をいいます（一定のものを除く）。労災保険の加入は、事業主が保険加入の申請を行い、それが認可されることにより保険関係が成立します。なお、労働者の過半数が希望するときは、任意加入の申請を行わなければなりません。

第3節　保険料

　労災保険と雇用保険の保険料は、労働保険料としてまとめて支払います。労働保険料には、一般保険料および特別加入保険料（特別加入者）、印紙保険料（日雇労働者）があります。

　一般保険料の額は、次の通り計算されます。

　一般保険料＝賃金総額×（労災保険料率＋雇用保険料率）

※労災保険料率は、事業の種類ごとの災害率に応じ、55の区分に分類された労災保険料率が定められており、これを賃金総額に乗じて労災保険料を算出します。

●特別加入者の保険料

　労災保険は、労働者の労災事故に対する保護を主目的として制度化されているものですから、事業主は原則として被保険者になれないと規定されています。しかし、事業主であっても雇用している労働者と同様、労働災害で被災する可能性が高い場合（大工やとび職など一定の要件を満たす場合）および特別加入するための条件を満たす場合は、労働保険事務組合に加入することにより被保険者となることができます。これを「特別加入者」といいます。

特別加入者の保険料は、給付基礎日額（特別加入者本人の所得水準に見合った適正な額を申請し、労働局長が承認した額）に365を乗じた保険料算定基礎額の総額に当該事業（第1種）および1人親方等（第2種）や海外派遣者（第3種）に適用されている保険料率を乗じたものとなります（1年間分）。

●印紙保険料

　雇用保険の日雇労働被保険者についての雇用保険印紙による保険料をいいます。

●高年齢者保険料免除

　令和元年度までは、毎年4月1日において満64歳以上の労働者については、一般保険料のうち雇用保険に相当する保険料が免除されましたが、令和2年度より当該保険料が徴収されるようになりました。

1 労働保険料の申告・納付（年度更新）

　労働保険料は、毎年4月1日から翌年3月31日までの1年間を単位として計算することになっています。その額は労働者（雇用保険については、被保険者に該当しない人は除く）に支払われる賃金総額に、その事業に定められた保険料率を乗じて算定することになっています。

　工場や事務所等の継続企業は、年度当初に一般保険料の1年分を計算し、それを「概算保険料」として申告、また前年度に申告した概算保険料の確定と精算を同時に行うことになっています。これを「年度更新」といいます。前年度の概算保険料は、賃金総額の見込み額に基づいて算定されていますので、年度終了後、確定した賃金総額に基づいて算定される保険料額との精算を行うとともに、当該年度の賃金総額の見込み額に基づいて当該年度分の概算保険料の申告・納付を行います。

※平成21年度から、年度更新の手続きは6月1日から7月10日までの間に行われています。

2 一般拠出金

石綿による健康被害者の救済にあてる費用で、労働保険の確定保険料の申告に合わせて申告・納付します(令和5年度利率:1000分の0.02)。

3 労災保険料の負担義務

労働保険料のうち、労災保険料にかかる部分は全額事業主負担となります。

第4節　労働災害等の補償制度と認定方法

1 労災保険制度

労災保険制度は、事業主が納付する保険料により、業務上の事由または通勤による労働者の負傷、疾病、障害または死亡等に対して必要な保険給付を行うとともに、被災した労働者の社会復帰の促進事業を行う制度です。

2 業務災害の認定基準

業務災害とは、「労働者が使用者(事業主、官、船舶所有者をいう。以下同じ)の支配下にある状態」に起因する(いわゆる「業務起因性」がある)災害であると定義されています。

そこで、どのような事実があれば「労働者が労働契約に基づいて使用者の支配下にある状態」(いわゆる「業務遂行性」がある)というのか、その主な例を掲げてみます。

(1)一般労働者の場合

①**就業中**……いわゆる自己の従事すべき業務に就いている最中ということになります。

②**作業に伴う付随行為中**……車両の運転手でいえば洗車やガソリンの給油、作業日誌をつけるための鉛筆を削る行為など、本来の作業に付随する行為(③の行為を除く)をいいます。

③**作業の準備・後始末・待機中**……準備作業、餅つきでいえば釜や蒸篭を用意したり、臼杵の片付けなどが入ります。

④**事業施設内における休憩中**……昼休み中に被った負傷等は、施設の老朽化による落盤事故等、事業施設管理者に責任がある場合等には遂行性が認められる場合があります(通常、事業主の支配下にある限り、私的行為に見えても業務に付随する行為とみなされます)。

⑤**天災・火災に際しての緊急行為中**……直接の業務ではありませんが、事業所が火災にあったり、地震のため緊急作業にあたっている行為等が入ります。

⑥**出張の途上**……電車、バス、徒歩、航空機等いかなる交通手段による場合であれ、就業規則等による通常の経路等を経由して目的地まで移動する間が入ります。なお、逸脱または中断した経路の途上にある場合(たとえば、出張中に親戚の家に立ち寄るための経路上)は除かれます。

⑦**通勤途上で事業所の専用バス等利用中**……事業所の専用バス等を利用して勤務地まで移動する場合、バス等の運行供用者(責任者)が使用者ということになれば、当然管理責任が生じます。したがって、業務に就いていない時間であっても事業主の支配下にあるというこ

第6章

とになります。

⑵船員の場合

①**航海中**……陸上の一般労働者と、基本的には同じ考え方になります。ただし、船員労働者の特殊性として、航海中は船内にあり、長時間船舶所有者（実際には船長）の管理下にあるため、日常的な生理的行為と職務に伴う行為を絶え間なく繰り返す状態が続きます。したがって、船内にある間（航海中）は、食事、睡眠等の生理的必要行為を行っている間も船舶所有者の支配下にあり、かつ管理下にあるものとみなされます。

②**職務に伴う付随行為中**……司厨長が食材の買い出し等船外業務に従事しているとき、船長の船舶所有者との打ち合わせなど、航行中の船員の職務に限らず、職務に付随するあらゆる業務に就いている状態をいいます。

③**入港・出航準備中**……たとえば、長期航海に備えての食料の積み込みや日常用品（私物の場合は例外もあります）の積み込み作業中にある状態をいいます。

④**入港中の食事・市内見学中**……寄港地に上陸している間は、一概にすべての行為について職務遂行性を認められませんが、陸上労働者でいえば出張中の経路上にあたり、船舶所有者の指定する宿泊施設にあるときは管理下にあるといえます。しかし、休暇のため入港上陸した場合の自由時間（市内見学中）は、支配下にあるが管理下にないものといえます。

⑤**荒天時の緊急行為中**……たとえば台風接近のため、係船中の船舶を移動する場合や航海中に嵐に対処している状態、またはこれらの準備（自宅等からの緊急出動中等）はこれにあたります。

(3)総合的判断基準

(1)〜(2)に掲げる職務遂行性が認められるとしても、発生した負傷などについて常に業務起因性を認められるとは限りません。

その事故が使用者の支配下にある状態に起因するものかどうかの判断にあたっては、2つの場合が考えられます。

1つ目は、その事故が私的行為を直接の原因とする災害ですが、この場合は業務遂行性があっても業務起因性は一般に否定されています。

2つ目は、天災や自然現象（日射病、台風による船舶の沈没）などを原因とする災害です。この場合は、使用者の支配下にあって事故発生の危険が加重され、あるいは具体化される状況下にあったかどうかが考慮されます。

また、使用者の支配下にある状態で、犯罪に巻き込まれて発生した災害があります。たとえば、地下鉄サリン事件（平成7年3月20日東京都内地下鉄で発生）や、通り魔による殺傷事件等ですが、このような場合は、用務地への行路上または用務地からの帰路上になくとも、経路的、時間的に著しく逸脱していない場合は、使用者の支配下にあって業務（公務員にあっては公務、船員にあっては職務）に起因して災害発生が具体化したものと認定されています。

3 通勤災害の範囲（認定基準）

労災法第7条に通勤災害の定義が示されていますが、労働者の通勤による負傷、疾病、障害、または死亡が通勤災害です。

また、「通勤」とは、労働者が就業に関し、①住居と就業の場所との間の往復、②就業の場所から他の就業の場所への移動、③単身赴任先住居と帰省先住居との間の移動を合

理的な経路および方法により行うことをいい、業務の性質を有するものは除かれます。

　労働者が、この往復または移動の経路を逸脱し、または中断した場合には、逸脱または中断の間およびその後の往復または移動は、通勤には含まれません。ただし、逸脱または中断が、日常生活上必要な行為(厚労省令で定めるやむを得ない事由による最小限度のものである場合)は、逸脱または中断の間を除き、合理的な経路に復した後は「通勤途上」とみなされます。

第5節　療養(補償)等給付

　労働者が業務上(複数業務要因災害を含む)または通勤による負傷または疾病により療養を必要とする場合の療養(補償)等給付には、現物給付として療養の給付と、現金給付として療養費の支給があります。

1 療養の給付

　療養の給付とは、被災労働者が労災保険で指定した医療機関等で、次の治療(政府が必要と認めたものに限る)を無料で受けられる制度のことをいいます。また、通勤災害による傷病について療養の給付を受ける場合は、自己負担額(初診時に200円)を必要とします(休業給付より控除)。

　なお、支給期間は治癒するまでですが、いったん治癒した後に再発した場合は、相当因果関係が認められれば再び支給されます。
　①診察
　②薬剤または治療材料の支給
　③処置・手術その他の治療

④居宅における療養上の管理およびその療養に伴う世話・看護
⑤病院または診療所への入院およびその療養に伴う世話・看護
⑥移送

※転院等移送に要した費用や治療装具など、指定医療機関等と保険契約のできない費用については、療養費として支給されます。

2 療養費の支給

療養費の支給は、労災保険で指定した医療機関等以外で療養（治療）した場合に、療養に要した費用を償還払いで支給する現金給付制度です。

なお、支給の範囲や期間および支給額は、療養の給付と同じ内容になっています。

3 通院費の支給

次の①、②両方の要件を満たす場合に、通院に要した費用の実費相当額が、療養（補償）等給付のうちの1つとして支給されます。

①労働者の居住地または勤務地から、原則として片道2km以上の通院であること

②同一市町村内の適切な医療機関へ通院した場合であること（同一市町村内の適切な医療機関がない場合等にも支給が認められることがあります）

第6節　休業(補償)等給付

1 支給要件および支給額

(1)支給要件

　休業補償給付・複数事業労働者休業給付および休業給付(以下、通勤によるものと合わせて「休業(補償)等給付」という)は、労働者が業務上による傷病または通勤災害に起因する傷病により、療養に専念することから働けないため、賃金を受けられないときに、休み始めて4日目から支給されます。

　4日目から支給されるのは、3日間の待期期間があるためです。この3日間は、労働基準法により事業主が1日につき平均賃金の60%を補償しなければなりません。ただし、通勤による傷病のときは、労基法が適用されないため、事業主の補償の義務はありません。また、通勤災害の場合は、初回の休業給付から療養給付の一部負担金として200円が控除されます。

(2)支給額

　支給額は、1日につき給付基礎日額※の60%です。労働者が所定労働時間の一部を働いた場合には、給付基礎日額から当該労働時間に見合う賃金を控除した額の60%が支払われます。

　また、給付基礎日額の20%が社会復帰促進等事業の休業特別支給金として支給されますので、合計80%の給付が行われます。

　船員の場合は、船員保険から加えて給付される場合もあります。

　※給付基礎日額
　　原則として労働基準法の平均賃金に相当する額とされます。平

均賃金とは、業務上の事由または通勤災害が発生した日や医師の診断によって疾病の発生が確定した日の直前3ヵ月間にその労働者に対して支払われた賃金の総額を、その期間の暦日数で割った1日あたりの賃金額です。賃金総額にはボーナスなど3ヵ月を超える期間ごとに支払われるものや、臨時に支払われたものなどは含まれません。休業（補償）等給付の給付基礎日額は、賃金水準が災害の発生時に比べて上下10％を超える変動があった場合、その変動率に応じて改定（スライド）され、また、療養開始後1年6ヵ月を経過した場合は、年齢階層別の最低・最高限度額が適用されます[休業給付基礎日額]。

平均賃金が、給付基礎日額の最低保障額（自動変更対象額）に満たない時は、一律に最低保障額が平均賃金となります。給付基礎日額の最低保障額3,940円（自動変更対象額）は毎年8月に改正されます。

なお、令和2年9月より、複数事業労働者の複数事業の業務を起因とする業務災害による保険給付を行う場合、当該労働者を使用する事業ごとに算定した給付基礎日額を合算した額を基礎として、政府が算定する額を給付基礎日額とします。

【表1】年齢階層別最低・最高限度額（令和4年8月1日～令和5年7月31日）

年齢階層区分	最低限度額	最高限度額
20歳未満	5,154円	13,177円
20歳以上25歳未満	5,678円	13,177円
25歳以上30歳未満	6,180円	14,377円
30歳以上35歳未満	6,559円	17,028円
35歳以上40歳未満	6,766円	19,412円
40歳以上45歳未満	7,123円	21,209円
45歳以上50歳未満	7,195円	22,392円
50歳以上55歳未満	7,093円	24,568円
55歳以上60歳未満	6,683円	24,806円
60歳以上65歳未満	5,638円	21,196円
65歳以上70歳未満	3,970円	15,791円
70歳以上	3,970円	13,177円

② 給付制限

労働者が監獄に拘置されているときや、未決拘留のため留置されているとき等では、もともと労働に就くことが不可能なため、休業補償給付は行われません。

③ 請求に係る時効

休業(補償)等給付は、療養のため労働ができず休業し、賃金が受けられない日ごとに請求権が発生します。その翌日から2年を経過すると時効により請求権が消滅します。

第7節　傷病(補償)等年金

業務上の事由または通勤災害による負傷または疾病で療養した場合は、休業(補償)等給付が支給されます。しかし、傷病の症状が重く治癒または症状が固定しないまま療養が長期化する場合があります。このようなときに支給されるのが、傷病補償年金、複数事業労働者傷病年金および傷病年金(以下、通勤によるものと合わせて「傷病(補償)等年金」という)です。

① 支給要件および支給額

業務上または通勤により負傷し、または病気になった労働者がその療養の開始後1年6ヵ月を経過した日以後においても治癒せず、法に定める傷病等級に該当する場合は、その傷病等級(⇒P.176【表3】)に応じて次の傷病(補償)年金が支給されます。この場合、常態として労務不能であることが条件となっています。

【表2】傷病（補償）等年金支給額一覧表

傷病等級	支給年金額
第1級	給付基礎日額の313日分
第2級	給付基礎日額の277日分
第3級	給付基礎日額の245日分

　なお、傷病（補償）等年金を受ける人の障害の程度が軽減し、傷病等級には該当しないが、休業を余儀なくされている場合には、休業（補償）等給付を再び支給し、さらに傷病（補償）等年金に該当する障害の程度になったときは、月末まで休業（補償）等給付を支給し、翌月から傷病（補償）等年金が支給されます。

② 支給に関する届出

　傷病（補償）等年金は請求により支給されるものではなく、労働基準監督署長の職権により決定されますので、請求手続きはありませんが、療養開始後1年6ヵ月を経過しても傷病が治っていない場合は、1ヵ月以内に「傷病の状態等に関する届書」（様式第16号の2）を所轄の労働基準監督署に提出しなければなりません。また、療養開始後1年6ヵ月を経過しても傷病（補償）等年金の支給要件を満たしていない場合は、毎年1月分の休業（補償）等給付を請求する際に、「傷病の状態等に関する報告書」（様式16号の11）を併せて提出しなければなりません。

【表3】傷病等級表（労働者災害補償保険法施行規則　別表第二）

第1級	
給付内容	当該障害の状態が継続している期間1年につき給付基礎日額の313日分
障害の状態	①神経系統の機能又は精神に著しい障害を有し、常に介護を要するもの ②胸腹部臓器の機能に著しい障害を有し、常に介護を要するもの ③両眼が失明しているもの ④そしゃく及び言語の機能を廃しているもの ⑤両上肢をひじ関節以上で失ったもの ⑥両上肢の用を全廃しているもの ⑦両下肢をひざ関節以上で失ったもの ⑧両下肢の用を全廃しているもの 前各号に定めるものと同程度以上の障害の状態にあるもの

第2級	
給付内容	当該障害の状態が継続している期間1年につき給付基礎日額の277日分
障害の状態	①神経系統の機能又は精神に著しい障害を有し、随時介護を要するもの ②胸腹部臓器の機能に著しい障害を有し、随時介護を要するもの ③両眼の視力が0.02以下になっているもの ④両上肢を腕関節以上で失ったもの ⑤両下肢を足関節以上で失ったもの 前各号に定めるものと同程度以上の障害の状態にあるもの

第3級	
給付内容	当該障害の状態が継続している期間1年につき給付基礎日額の245日分
障害の状態	①神経系統の機能又は精神に著しい障害を有し、常に労務に服することができないもの ②胸腹部臓器の機能に著しい障害を有し、常に労務に服することができないもの ③一眼が失明し、他眼の視力が0.06以下になっているもの ④そしゃく又は言語の機能を廃しているもの ⑤両手の手指の全部を失ったもの 第1号及び第2号に定めるもののほか、常に労務に服することができないものその他前各号に定めるものと同程度以上の障害の状態にあるもの

※視力の測定は、万国式試視力表による。屈折異常のあるものに

176

ついては矯正視力について測定する。
※手指を失ったものとは、母指は指関節、その他の手指は第1指
関節以上を失ったものをいう。

第8節　障害（補償）等給付

1 障害（補償）等年金

　業務上の事由または通勤災害による傷病が治癒（症状固定を
含む）し、身体に一定の障害が残った場合に、その稼得能力
の損失を補填するため、障害等級に応じて支給されるのが、
障害補償年金、複数事業労働者障害年金および障害年金（以
下、通勤によるものと合わせて「障害〔補償〕等年金」という）です。
　業務上の事由または通勤災害による傷病が治癒した場
合、障害の程度（労災保険法施行規則 別表 第1 障害等級表に定め
る）に応じて次の【表4-1】に掲げる額が年金として支給され
ます。

【表4-1】障害（補償）等年金支給額一覧表

障害等級	障害（補償）等年金の額	障害等級	障害（補償）等年金の額
第1級	給付基礎日額の313日分	第5級	給付基礎日額の184日分
第2級	給付基礎日額の277日分	第6級	給付基礎日額の156日分
第3級	給付基礎日額の245日分	第7級	給付基礎日額の131日分
第4級	給付基礎日額の213日分		

2 障害（補償）等一時金

　障害（補償）等一時金は、障害（補償）等年金と同趣旨です
が、障害の程度が年金より軽い場合に、後遺障害の程度に
応じて、【表4-2】に掲げる額が一時金として支給されます。

【表4-2】障害(補償)等一時金支給額一覧表

障害 等級	障害(補償)等 年金の額	障害 等級	障害(補償)等 年金の額
第8級	給付基礎日額の503日分	第12級	給付基礎日額の156日分
第9級	給付基礎日額の391日分	第13級	給付基礎日額の101日分
第10級	給付基礎日額の302日分	第14級	給付基礎日額の56日分
第11級	給付基礎日額の223日分		

※「治癒」とは…労災保険では、必ずしも完全にもと通りの体になったときという意味ではなく、症状が安定し、医学上一般に認められた医療行為を行っても、その医療効果が期待できない状態になったこと(症状固定)も「治癒」といいます。

3 請求に係る時効

障害(補償)等年金および障害(補償)等一時金は、傷病が治癒した日の翌日から5年を経過すると、時効により請求権が消滅します。

4 同一支給事由の障害(補償)等年金および障害基礎年金・障害厚生年金との支給調整

同一の傷病で障害となり、障害基礎年金・障害厚生年金等が支給される場合は、傷病(補償)等年金または障害(補償)等年金について、政令で定める率または額の支給が停止されます。

5 障害(補償)等年金前払一時金

傷病が治癒した直後は、被災労働者が社会復帰等を行うにあたって、一時的に資金を必要とすることが多いため、障害(補償)等年金受給権者の請求に基づき、障害の程度に応じて、1回に限り年金の前払いを受けることができます。ただし、その場合、前払一時金の額に達するまでの間、障害(補償)等年金は支給停止されます。

6 障害（補償）等年金差額一時金

障害（補償）等年金を受けている人が死亡した場合、既に支給された障害（補償）等年金の額および障害（補償）等年金前払一時金の合算額が、厚生労働大臣が定める一定額（【表5】）に満たない場合に、その差額が一時金として、次の遺族に、次の順位で支給されます。

①労働者の死亡当時、労働者と生計を同じくしていた配偶者（事実婚含む）、子、父母、孫、祖父母および兄弟姉妹

②①に該当しない配偶者（事実婚含む）、子、父母、孫、祖父母および兄弟姉妹

【表5】障害（補償）等年金差額一時金支給額一覧表

障害等級	一定額	障害等級	一定額
第1級	給付基礎日額の1340日分	第5級	給付基礎日額の790日分
第2級	給付基礎日額の1190日分	第6級	給付基礎日額の670日分
第3級	給付基礎日額の1050日分	第7級	給付基礎日額の560日分
第4級	給付基礎日額の920日分		

第9節　遺族（補償）等給付

労働者が業務上または通勤災害に起因する負傷・疾病がもとで死亡した場合、その遺族に対して、遺族補償給付（業務災害の場合）、複数事業労働者遺族給付（複数業務要因災害の場合）または遺族給付（通勤災害の場合）が支給されます。

また、葬祭を行った遺族等に対して、葬祭料（業務災害の場合）、複数事業労働者葬祭給付（複数業務要因災害の場合）または葬祭給付（通勤災害の場合）が支給されます。

■1 遺族(補償)等年金

(1)遺族(補償)等年金の受給資格および遺族の範囲と順位

　遺族(補償)等年金は、労働者が業務上の事由または通勤災害により死亡した場合において、労働者の死亡当時、その死亡した人の収入によって生計を維持していた次の遺族に対し、遺族の数などに応じて支給されます。

　なお、遺族(補償)等年金の支給を受けるべき遺族の範囲とその順位は、次に並べられた通りになります。

※遺族基礎年金の場合のように収入認定基準はありません(いわゆる共働きの場合も含みます)。

①配偶者……事実婚を含み、夫は60歳以上または厚生労働省令で定める障害の状態にあること

②子(18歳に達した日以後の最初の3月31日が終了していないこと、または厚生労働省令で定める障害の状態※にあること

③父母……60歳以上であること、または厚生労働省令で定める障害の状態※にあること

④孫……18歳に達した日以後の最初の3月31日が終了していないこと、または厚生労働省令で定める障害の状態※にあること)

⑤祖父母……60歳以上であること、または厚生労働省令で定める障害の状態※にあること

⑥兄弟姉妹……18歳に達した日以後の最初の3月31日が終了していないこと、または60歳以上であること、あるいは厚生労働省令で定める障害の状態※にあること)なお、経過措置として当分の間、次の人も遺族とされます。ただし、受給権は60歳に達した日に取得し、遺族の数に変更があるときは改定が行われます。

⑦55歳以上60歳未満の夫……厚生労働省令で定める障害の状態※にある人を除く

⑧55歳以上60歳未満の父母……厚生労働省令で定める障害の状態※にある人を除く

⑨55歳以上60歳未満の祖父母……厚生労働省令で定める障害の状態※にある人を除く）

⑩55歳以上60歳未満の兄弟姉妹……厚生労働省令で定める障害の状態※にある人を除く

※「厚生労働省令で定める障害の状態」とは、障害等級5級以上の身体障害をいいます。

(2)遺族(補償)等年金の失権

受給権者となる人は、労働者が死亡した当時の最先順位者だけではありません。受給権者が次の事項のいずれかに該当したときは、遺族(補償)等年金の受給権を失いますが、この場合、他の同順位者へ、同順位者がいないときは次順位者へ転給します。

①死亡したとき

②婚姻したとき（事実婚を含む）

③直系血族または直系姻族以外の人の養子となったとき（事実上の養子縁組を含む）

④離縁によって死亡した労働者との親族関係が終了したとき

⑤子、孫、兄弟姉妹が18歳に達した日以後の最初の3月31日が終了したとき（労働者の死亡当時から引き続き厚生労働省令で定める障害の状態にある人を除く）

⑥障害を事由に18歳に達した日以後の最初の3月31日が終了した後も受給権者となっている子、孫、兄弟姉妹または60歳未満で受給権者となっている夫、父母、祖父母または兄弟姉妹（18歳に達した日以後最初の3月31

第6章

日が終了している人に限る)が厚生労働省令で定める障害
の状態でなくなったとき

※遺族(補償)等年金を受ける人が1年以上所在不明の場合は、そ
の間支給を停止し他の同順位者に、同順位者がいないときは、
次順位者に支給されます。

(3)遺族(補償)等年金の額

遺族(補償)等年金の額は、遺族の数、つまり受給権者お
よびその人と生計を同じくしている受給資格者(55歳以上60
歳未満の夫、父母、祖父母、兄弟姉妹除く)の数に応じて【表6】
に掲げる額になります。

【表6】遺族(補償)等年金の額

遺族の数	遺族(補償)等年金の額
1人	給付基礎日額の153日分(55歳以上の妻または厚生労働省令で定める一定の障害の状態にある妻には175日分)
2人	給付基礎日額の201日分
3人	給付基礎日額の223日分
4人以上	給付基礎日額の245日分

② 遺族(補償)等一時金

(1)遺族(補償)等一時金の支給要件

遺族(補償)等一時金は、次のいずれかの支給要件に該当
した場合に支給されます。

①遺族(補償)等年金を受けられる遺族がいないとき

②遺族(補償)等年金の受給権者が最後順位者まですべて
失権したとき、かつ、すでに受けるべき遺族(補償)等
年金と年金前払一時金(⇨P.183)の合計額が遺族(補償)
等一時金の額((3))に達していないとき

(2)遺族(補償)等一時金の遺族の範囲と順位

次の遺族のうち最先順位者に支給されます。同順位者が

2人以上いる場合は、それぞれに支給されます。遺族の順位は、次に並べられた通りです。

①配偶者

②労働者の死亡当時、その人の収入によって生計を維持していた子

③労働者の死亡当時、その人の収入によって生計を維持していた父母

④労働者の死亡当時、その人の収入によって生計を維持していた孫

⑤労働者の死亡当時、その人の収入によって生計を維持していた祖父母

⑥②に該当しない子

⑦③に該当しない父母

⑧④に該当しない孫

⑨⑤に該当しない祖父母

⑩兄弟姉妹（遺族〔補償〕等年金の遺族の範囲に含まれない人）

⑶遺族(補償)等一時金の額

①給付基礎日額の1000日分

②遺族(補償)等年金が支給された場合は①の額から既に支給された遺族(補償)等年金の総額を差し引いた額になります。

❸ 遺族(補償)等年金前払一時金

遺族(補償)等年金は、2月、4月、6月、8月、10月、12月に支払い月の前月までの分が支給されますが、希望すれば遺族(補償)等年金前払一時金を1回に限り受けることができます。前払一時金の額は、給付基礎日額の200日分、400日分、600日分、800日分、1000日分より選択します。

遺族(補償)等年金前払一時金が支給されたときは、各月

分の額(年利5分の単利で割り引いた額)の合計額が当該遺族(補償)等年金前払一時金の額に達するまでの間、遺族(補償)等年金が支給停止されます。

④ 葬祭料等および葬祭給付

労働者が業務上の事由または通勤災害に起因して死亡した場合は、葬祭料、複数事業労働者葬祭給付または葬祭給付が、葬祭を行った人に支給されます。

支給額は、315,000円に給付基礎日額の30日分を加えた額ですが、給付基礎日額の60日分に満たないときは、給付基礎日額の60日分が支給額となります。

受給順位はなく、現実に葬祭を行った人に支給されます。

⑤ 請求に係る時効

遺族(補償)等年金および遺族(補償)等一時金は、被災労働者の死亡日の翌日から5年を経過すると時効により請求権が消滅します。

葬祭料等(葬祭給付)は、被災労働者が亡くなった日の翌日から2年を経過すると、時効により請求権が消滅します。

第10節　介護(補償)等給付

① 支給要件

一定の障害により傷病(補償)等年金または障害等(補償)等年金を受給し、かつ現に介護を受けている場合に、月を単位として支給されます。

2 支給額

介護(補償)等給付は、障害の状態に応じ、常時介護を要する状態と随時介護を要する状態に区分されます。

常時介護の場合は、介護の費用として支出した額が172,550円を上限として支給されます。

ただし、親族等の介護を受けていた人で、支出額が77,890円を下回る場合、または介護費用を支出していない場合は、一律77,890円が支給されます。

また、随時介護の場合は、介護費用として支出した額が86,280円を上限として支給されます。

ただし、親族等の介護を受けていた人で、支出額が38,900円を下回る場合、または介護費用を支出していない場合は、一律38,900円が支給されます(令和5年4月現在)。

3 請求に係る時効

介護(補償)等給付は、介護を受けた月の翌月1日から2年を経過すると、時効により請求権が消滅します。

第11節　二次健康診断等給付

1 支給要件

二次健康診断等給付は、労働安全衛生法の規定により事業主が実施する定期健康診断(一次健康診断)において、脳血管疾患および心臓疾患の発生にかかわる身体の検査で、労働者が次のいずれの項目にも異常の所見があると診断されたときに、その請求に基づいて行われます。

①血圧検査

②血中脂質検査

③血糖検査

④腹囲の検査またはBMI（肥満度）の測定

また、二次健康診断の結果に基づき、脳血管疾患および心臓疾患の発生の予防を図るため、面接により行われる医師または保健師による保健指導(以下「特定保健指導」という)を受けることができます。

※一次健康診断やその他の機会で、医師により脳・心臓疾患の症状を有すると診断された場合、二次健康診断給付を受けることはできません。また、二次健康診断の結果、その他の事業によりすでに脳・心臓疾患の症状を有すると認められた場合、二次健康診断に係る特定保健指導を受けることができません。

※特別加入者の健康診断の受診は自主性に任されているため、特別加入者は二次健康診断等給付の対象とされていません。

② 給付額および受給方法

全額現物給付となります。事業主の証明を受けた「二次健康診断等給付請求書」に定期健康診断の結果を証明することができる書類を添付して、都道府県労働局長の指定する健診給付病院等に提出します。

※請求にあたっての注意事項

• 一次健康診断の受診日から３ヵ月以内に請求する。
• １年に２回以上受診し、いずれも二次健康診断等給付を受ける要件を満たしていても、二次健康診断等給付は、１年度内に１回のみとなります。

第１２節　社会復帰促進等事業

労災保険では、業務災害または通勤災害により傷病を被った被災労働者およびその遺族に対する各種の保険給付と併せて、被災労働者の社会復帰の促進、被災労働者やその

遺族の援護、労働者の安全衛生の確保、適正な労働条件の確保等を図ることにより被災労働者の福祉の増進を図ることを目的として社会復帰促進等事業を行っています。

社会復帰促進等事業の中の「被災労働者およびその遺族の援護を図るために必要な事業」の重要な制度として、保険給付に付加して支給される特別支給金があります。

1 特別支給金

(1)休業特別支給金

休業特別支給金は、休業(補償)等給付を受ける人に休業4日目から支給されます。

なお、支給額は、1日につき給付基礎日額(労働者が所定労働時間の一部について労働した場合は、給付基礎日額からその労働者に支払われる賃金を控除した額)の20%になります。

(2)障害特別支給金

障害特別支給金は、障害(補償)等給付の受給権者に障害の程度に応じて、一時金として次の額が支給されます。

【表7】障害特別支給金の額

障害等級	特別支給金	障害等級	特別支給金
第1級	342万円	第8級	65万円
第2級	320万円	第9級	50万円
第3級	300万円	第10級	39万円
第4級	264万円	第11級	29万円
第5級	225万円	第12級	20万円
第6級	192万円	第13級	14万円
第7級	159万円	第14級	8万円

(3)遺族特別支給金

遺族特別支給金は、労働者の死亡当時の最先順位の遺族(補償)等年金の受給資格者、または労働者の死亡当時に遺

族(補償)等年金の受給資格者がいない場合に支給される遺族(補償)等一時金の受給権者に支給されます。

支給額は、300万円(複数の受給権者がいる場合は、受給権者の数で除した額)になります。

(4)傷病特別支給金

傷病特別支給金は、傷病(補償)等年金の受給権者に、次の傷病等級の区分に応じた額が一時金として支給されます。

- 第1級114万円　　・第2級107万円　　・第3級100万円

2 特別給与を算定の基礎とする特別支給金

ボーナス等の特別給与を算定の基礎とする特別支給金(ボーナス特別支給金)の計算等は、次の通りです。

(1)算定基礎

障害特別年金などの特別支給金の支給額は、特別給与を算定基礎とした算定基礎日額を基に計算されます。

①**特別給与**……特別給与とは、給付基礎日額から除外されているボーナスなど3ヵ月の期間を超えて支給される賃金をいいます。ただし、臨時的に支払われる報奨金などはこの特別給与に入りません。

②**算定基礎日額**……被災日前1年間に支払われた特別給与の総額を365で除した額をいいます。ただし、特別給与の総額が給付基礎年額(給付基礎日額×365)の20%相当額を上回る場合は給付基礎年額の20%が算定基礎年額となり、上限を150万円としています。なお、雇用されてから1年に満たない労働者の場合は、特別の算定方法があります。

(2)特別加入者の特別支給金

毎月支払われる賃金等を算定の基礎とする休業特別支給

金、障害特別支給金、遺族特別支給金および傷病特別支給
金は、特別加入者(⇨P.164)にも支給されます。

　しかし、障害特別年金などの特別給与を基礎とする特別
支給金は、算定基礎日額に算入すべきボーナスがないか、
あってもそれを考慮して給付基礎日額を決定できるため、
支給されないことになっています。

(3)特別給与を算定の基礎とする特別支給金の種類

　ボーナス等の特別給与を算定の基礎とする特別支給金
(ボーナス特別支給金)には、次の障害特別年金、障害特別一
時金、遺族特別年金、遺族特別一時金、傷病特別年金等が
あります。

　①**障害特別年金**……障害特別年金は、障害(補償)等年金
　を受ける人に、障害等級の区分に応じて次の額が支給
　されます。

【表9】障害特別年金の額

障害等級	障害特別年金の額	障害等級	障害特別年金の額
第1級	算定基礎日額の313日分	第5級	算定基礎日額の184日分
第2級	算定基礎日額の277日分	第6級	算定基礎日額の156日分
第3級	算定基礎日額の245日分	第7級	算定基礎日額の131日分
第4級	算定基礎日額の213日分		

　②**障害特別一時金**……障害特別一時金は、障害(補償)等
　一時金を受ける人に、障害等級の区分に応じて次の額
　が支給されます。

【表10】障害特別一時金の額

障害等級	障害特別一時金の額	障害等級	障害特別一時金の額
第8級	算定基礎日額の503日分	第12級	算定基礎日額の156日分
第9級	算定基礎日額の391日分	第13級	算定基礎日額の101日分
第10級	算定基礎日額の302日分	第14級	算定基礎日額の56日分
第11級	算定基礎日額の223日分		

③**遺族特別年金**……遺族特別年金は、遺族(補償)等年金を
受ける人に、遺族の数に応じて次の額が支給されます。

【表11】遺族特別年金の額

遺族の数	遺族特別年金の額
1人	算定基礎日額の153日分 (55歳以上の妻または厚生労働省令に定める障害の状態にある妻には175日分が支給されます)
2人	算定基礎日額の201日分
3人	算定基礎日額の223日分
4人以上	算定基礎日額の245日分

※遺族特別年金には、前払一時金制度はありません。

④**遺族特別一時金**……遺族特別一時金は、遺族(補償)等
一時金を受ける人に、算定基礎日額の1000日分を最
高限度として支給されます。ただし、遺族(補償)等年
金を受けている人が失権し、他に遺族(補償)等年金を
受けられる人がいない場合で、すでに支給された遺族
特別年金の合計額が算定基礎日額の1000日分に満た
ないときは、その差額が支給されます。

⑤**傷病特別年金**……傷病特別年金は、傷病(補償)等年金
を受ける人に、傷病等級の区分に応じて次の額が支給
されます。

【表12】傷病特別年金の額

傷病等級	傷病特別年金の額
第1級	算定基礎日額の313日分
第2級	算定基礎日額の277日分
第3級	算定基礎日額の245日分

第7章　雇用保険

第1節　制度の概要(目的)

　雇用保険は、労働者が失業した場合や労働者が子を養育するための休業をした場合に必要な保険給付を行い、労働者の生活の安定を図ると同時に求職活動を容易にする等、その就職を促進します。併せて高齢者や、育児休業・介護休業を余儀なくされた人に対する雇用継続を援助したり、労働者の職業の安定に資するため雇用安定事業や能力開発事業を行うことを目的としています。

第2節　適用事業

① 適用事業

　雇用保険における適用事業は、業種・規模のいかんを問わず、労働者を雇用するすべての事業になります。ただし、次のすべての事項に該当する事業については、暫定的に任意適用事業として取り扱われます。

　①常時5人未満の労働者を雇用する事業
　②個人事業主の行う事業
　③農業、林業、畜産業、養蚕業、水産業
　※暫定任意適用事業の認可は、事業主の申請により都道府県労働局長が行います。

② 適用事業単位

　適用事業は、1つの経営組織をもった独立性のあるものを指します。本店、支店、工場、出張所など経営的には一

体であっても、個々の本店・支店等が独立して1つの経営組織をもった経営体である場合は、本店・支店等を適用事業単位として取り扱います。

なお、各地に支店・工場等を持つ企業については、徴収法第9条の規定に基づき、厚生労働大臣の認可を受けて一括して適用事業単位とすることができます。

3 適用事業の原則と例外規定

(1)一元適用事業

雇用保険、労災保険にかかる保険関係を一元的に取り扱う事業で、保険関係の成立・消滅、保険料の計算・徴収が一括して行われます。

(2)二元適用事業

雇用保険と労災保険の適用の仕方を区別する必要がある事業(農林水産業、建設業等)で、保険関係の成立・消滅、保険料の計算・徴収が別々に行われます。

第3節　被保険者の種類

雇用保険の被保険者は、雇用保険の適用事業に使用される労働者であって、次の4種類に分けられます。

①一般被保険者
②高年齢被保険者
③短期雇用特例被保険者
④日雇労働被保険者

1 一般被保険者

一般被保険者とは、適用事業に雇用される高年齢被保険者、短期雇用特例被保険者、日雇労働被保険者以外のすべ

ての被保険者をいいます。

●短時間就労者および派遣労働者の場合

1週間の所定労働時間が、同一の事業所の正規型従業員より短く、かつ30時間未満である場合は、次のいずれにも該当するときに限り、被保険者となります。

①31日以上※雇用されることが見込まれること。

②1週間の所定労働時間が20時間以上であること。

※平成22年4月1日より適用範囲が拡大されています。(6ヵ月以上→31日以上)「31日以上の雇用見込みがあること」とは、31日以上雇用が継続しないことが明確である場合を除き、この要件に該当することとなります。次の場合には、雇用契約期間が31日未満であっても、原則として、31日以上の雇用が見込まれるものとして、雇用保険が適用されることになります。

- 雇用契約に更新する場合がある旨の規定があり31日未満での雇い止めの明示がないとき
- 雇用契約に更新規定はないが同様の雇用契約により雇用された労働者が31日以上雇用された実績があるとき

2 高年齢被保険者

65歳以降で新規に雇用された場合も雇用保険の対象となり、短期雇用特例被保険者、日雇労働被保険者を除き、65歳以降の被保険者は高年齢被保険者となります。一般被保険者同様の短時間就労者や派遣労働者(⇨P.193)でも高年齢被保険者になりますが、令和4年1月より、①1の事業主における所定労働時間が20時間未満であること、②2以上の事業主の適用事業所に雇用される65歳以上の人、③2の事業主の適用事業(1週間の所定労働時間が5時間以上である場合に限定)の1週間の所定労働時間が合計で20時間以上であること、いずれも満たして申し出た場合にも高年齢被保険者になることができました(マルチジョブホルダー制度)。雇用保険料は令和元年度までは免除されていましたが、令

和2年度より徴収されています。

3 短期雇用特例被保険者

　短期雇用特例被保険者とは、季節的に雇用される人、または短期の雇用(同一の事業主に引き続き被保険者として雇用された期間が1年未満の間に限る)に就くことを常態とする人をいいます。

　短期雇用特例被保険者が同一の事業主に引き続き1年以上雇用されるに至ったときは、1年以上雇用されるに至った日(切替日)から短期雇用被保険者でなくなります。

　切替日以降は、次の被保険者に移行します。

①切替日に65歳未満の人は、一般被保険者になります。

②65歳に達する前から同一の事業主に雇用されている人で、切替日においてすでに65歳に達している人は、切替日から高年齢被保険者となります。

③65歳以降に新規に短期雇用特例被保険者として、その事業主に雇用された場合、切替日に高年齢被保険者となります。

4 日雇労働被保険者

　日雇労働被保険者とは、被保険者である日雇労働者(日々雇用される人、または30日以内の期間を定めて雇用される人をいう。以下同じ)を指し、次のいずれかに該当する人をいいます。

　なお、地理的制限は、日々公共職業安定所に出頭し、職業紹介を受けることができるかどうかという観点から設けられています。

①適用区域内に居住し、適用事業に雇用される人

②適用区域外に居住し、適用区域内にある適用事業に雇用される人

③適用区域外に居住し、適用区域外の適用事業で厚生労
　働大臣の指定したものに雇用される人
④上記に該当しない人で管轄公共職業安定所長の認可を
　受けた人

　なお、日雇労働者本人が、日雇労働被保険者に該当する
に至った日から起算して5日以内に、日雇労働被保険者資
格取得届をその住所を管轄する公共職業安定所長に提出し
なければなりません。この届出によって公共職業安定所長
から、日雇労働の実態があるなど、日雇労働被保険者であ
ると確認された場合には、日雇労働被保険者手帳が交付さ
れます。

※なお、直前2ヵ月の各月に、同一事業主に18日以上雇用された
　場合、および同一事業主に継続して31日以上雇用された場合は、
　原則として一般被保険者として取り扱われます。

5 適用除外に該当する人

　雇用保険の適用事業に雇用される労働者は、原則として被
保険者になります。しかし、下記のように、短期的な雇用に
就く人等は雇用保険が適用されず、被保険者となれません。
①1週間の所定労働時間が20時間未満の人
②同一の事業主の適用事業に継続して31日以上雇用さ
　れることが見込まれない人(日雇労働被保険者を除く)。
③季節的に雇用される人で、4ヵ月以内の期間を定めて
　雇用される人
④学校教育法第1条に規定する学校、同法第124条に規
　定する専修学校、同法第134条に規定する各種学校の
　生徒または学生であって、大学の夜間学部および高等
　学校の定時制の課程の人等以外の人(昼間学生)
⑤船員保険の被保険者

⑥国、都道府県、市町村に雇用される公務員等

第4節　保険料

　労働者災害補償保険と雇用保険の保険料は、労働保険料としてまとめて支払います。労働保険料には一般保険料、第1種・第2種・第3種特別加入保険料(特別加入者)、印紙保険料(日雇労働者)があります。

　一般保険料の額は、次の通りです。

　一般保険料＝賃金総額×(労災保険料率＋雇用保険料率)

　※令和元年度まで、毎年4月1日現在で満64歳以上の人は雇用保険料が免除になりましたが、令和2年度より雇用保険料が徴収されるようになりました。

1 労働保険の労使負担割合

　労災保険料にかかる部分は全額事業主負担となりますが、雇用保険料については、原則として次の料率を乗じた額になります。

2 雇用保険料率

　令和5年4月1日から令和6年3月31日までの雇用保険料率は以下のとおりです。

- 失業等給付等の保険料率は労働者負担・事業主負担ともに 6/1,000 に変更になります(農林水産・清酒製造の事業及び 建設の事業は7/1,000に変更になります)。
- 雇用保険二事業の保険料率(事業主のみ負担)は引き続き3.5/1,000です(建設の事業は4.5/1,000です)。

【表1】雇用保険料率（令和5年度）

事業の種類	① 労働者負担	② 事業主負担	失業等給付・育児休業給付の料率	雇用保険二事業の料率	①＋② 雇用保険料率
一般の事業	6/1000	9.5/1000	6/1000	3.5/1000	15.5/1000
農林水産・清酒製造の事業	7/1000	10.5/1000	7/1000	3.5/1000	17.5/1000
建設の事業	7/1000	11.5/1000	7/1000	4.5/1000	18.5/1000

3 印紙保険料

【表2】日雇労働被保険者の雇用保険印紙による保険料

印紙の種類	賃金日額区分	保険料額	保険料の負担額 事業主	保険料の負担額 被保険者
第1級	11,300円以上	176円	88円	88円
第2級	8,200円以上11,300円未満	146円	73円	73円
第3級	8,200円未満	96円	48円	48円

4 被保険者負担額の算定

　雇用保険の被保険者負担額は、労働者（被保険者）に支払われた賃金額に被保険者負担率をかけて算定します。この被保険者負担額については、事業主は、労働者に賃金を支払うつど、その賃金額に応じた被保険者負担額を、賃金から控除することができます。

　この額に1円未満の端数が生じた場合は、「通貨の単位及び貨幣の発行等に関する法律」第3条に基づき、債務の弁済額に50銭未満の端数があるときには切り捨て、50銭以上1円未満のときには1円に切り上げることとなります。

　なお、この端数処理は、債務の弁済を現金で支払う時点で行うことから、雇用保険の被保険者負担額を賃金から源

泉控除する場合には、事業主が被保険者に控除後の賃金を現金で支払う時点で端数処理を行うこととなるため、結果として、50銭以下の場合は切り捨て、50銭1厘以上の場合は切り上げとなります。

ただし、これらの端数処理の取扱いは、労使の間で慣習的な取扱い等の特約がある場合には、この限りではなく、たとえば、従来切り捨てで行われていた場合は、引き続き同様の取扱いを行っても差し支えありません。

第5節　失業等給付

1 失業等給付の体系

失業等給付	求職者給付	一般求職者給付	基本手当／傷病手当 技能習得手当 寄宿手当
		高年齢求職者給付	高年齢求職者給付金
		短期雇用特例 求職者給付	特例一時金
		日雇労働求職者給付	日雇労働求職者給付金
	就職促進給付	就業促進手当	就業手当／再就職手当 就業促進定着手当 常用就職支度手当
		移転費	
		求職活動支援費	
	教育訓練給付	教育訓練給付金	
	雇用継続給付	高年齢雇用継続給付	高年齢雇用継続基本給付金 高年齢再就職給付金
		介護休業給付	介護休業給付金
育児休業給付		育児休業給付金	
		出生時育児休業給付金（※令和4年10月新設）	

2 一般求職者給付

(1)基本手当の受給要件

一般被保険者が失業し、再就職先を探す場合、その求職期間中の生活を保障するため、雇用保険から失業と認定された日について、次にあてはまる場合に基本手当が支給されます。

①離職により被保険者でなくなったこと(被保険者資格の喪失)の確認を公共職業安定所で受けたこと

②労働の意思および能力があるにもかかわらず、職業に就くことができない状態にあること

③原則として、離職日以前2年間に被保険者期間が通算して12ヵ月以上あること

④倒産・解雇等による離職の場合は、離職日以前1年間に被保険者期間が通算して6ヵ月以上あること

※離職日前2年間に病気や事業所の休業等があり、引き続き30日以上賃金の支払いを受けることができない期間があるときは、その期間を2年間に加えて、加えた期間のうちに12ヵ月以上の被保険者期間があればよいことになります。

(2)被保険者期間の計算

被保険者期間は、離職日からさかのぼって被保険者であった期間を満1ヵ月ごとに区切っていき、この区切られた1ヵ月の間に賃金支払いの基礎となった日が11日以上ある月を1ヵ月と計算します。賃金支払いの基礎となった日が10日以下のときは、その期間を除外して計算します。

また、このように区切ることにより計算した期間に1ヵ月未満の端数が生じた場合、端数の実日数が15日以上で、かつ、賃金支払いの基礎となった日が11日以上あるときは、その期間を2分の1ヵ月として計算します。

ただし、令和2年8月より、当該被保険者期間が12ヵ月に満たない場合、賃金の支払基礎日数が11日以上であるもの又は賃金の支払基礎となった時間が80時間以上であるものを被保険者期間として計算することになっています。

※被保険者期間の計算は、所定給付日数を計算する場合の「被保険者であった期間(実期間)」とは異なります。

(3)基本手当の受給方法

①**失業の認定**(受給資格の決定)……失業した人が基本手当を受給するには、公共職業安定所(ハローワーク)へ出頭し、求職の申込みをした上で、失業の認定を受けなければなりません。失業の認定は、公共職業安定所で4週間(28日)に1度のサイクルで行われます。失業給付を受けている人は、この失業認定日に必ず出頭しなければなりません。もし、所定の認定日に出頭しない場合には、その期間中の基本手当は支給されないことになります。基本手当は「失業の状態」にあると認められた人だけに支給されますから、この認定日に、その日より以前の4週間について「失業の状態」にあったかどうか、求職活動の実績も確認されることになります。

②**待期**……基本手当は、求職の申込みをした日から起算して、最初の7日間は支給されません。ただし、受給者が再び適用事業に雇用され、1年間の支給期間内に再び雇用されなくなり、従前の資格に基づいての基本手当の支給を受けようとする場合は、待期はありません。なお、正当な理由がなく自己都合により退職した場合は、2ヵ月間(5年間のうち2回までの離職の場合。3回目以降は3ヵ月間)の給付制限があります。

(4)基本手当の額

1日あたりの基本手当の額(基本手当日額)は、原則として

離職した日の直近6ヵ月間に受け取った賃金の総額を180日で割った額（賃金日額）に所定の給付率を乗じた額になります。

　この賃金日額の計算には、賞与等臨時に支払われるもの、3ヵ月を越える期間ごとに支払われるものは、含まれません。また、退職金も含まれません。

●**基本手当日額の上限・下限**

　賃金日額については、年齢別の上限額および下限額が定められています。賃金日額が上限額を超える場合は上限額、下限額を下回る場合は下限額が賃金日額となります。この賃金日額を基礎にして、基本手当日額の上限および下限が決まります。

【表3】年齢別賃金日額および基本手当日額の上限・下限（令和4年8月〜）

年齢区分	賃金日額		基本手当日額	
	上限	下限	上限	下限
30歳未満	13,670円		6,835円	
30歳〜44歳	15,190円	2,657円	7,595円	2,125円
45歳〜59歳	16,710円		8,355円	
60歳〜65歳未満	15,950円		7,177円	

(5)基本手当の受給期間

　基本手当を受給することができる期間は、原則として離職した日の翌日から起算して1年間（所定給付日数が330日の場合は1年と30日、360日の場合は1年と60日）とされています。

　ただし、この期間中に妊娠、出産、育児、疾病・負傷・新型コロナウイルスの影響などにより、引き続き30日以上職業に就くことができない場合には、その初日の翌日から起算して1ヵ月以内に公共職業安定所長にその申し出を行えば、その職業に就けなかった日数だけ受給期間の延長が

できます（最大3年間）。令和4年7月より起業した人に同様の期間延長が行われます。60歳以上の定年退職等で、すぐに求職を希望しない人は、最大1年間受給期間を延長することができます。

延長できる期間は最長で、所定給付日数が330日の場合は3年と30日、360日の場合は3年と60日とされています。

再就職手当（⇨P.211）を受給した後に、再就職先の事業所の倒産等により再び離職した人については、さらに一定期間受給期間が延長される場合があります。

受給期間を経過してしまうと、給付日数が残っていても基本手当の支給は受けられなくなります。

(6)所定給付日数

基本手当を受給できる日数を所定給付日数といいますが、この所定給付日数は、被保険者期間や年齢、離職事由により決定され、90日〜360日の間でそれぞれ決められます。

①**特定受給資格者**（倒産・解雇等）……倒産、事業縮小、廃止、解雇（重大な自己過失を除く）、賃金の著しい低下、賃金の不払（1/3を超える額）、マタハラが原因での離職、直接・間接の勧奨退職、採用条件と労働条件が著しく相違したこと、新型コロナウイルス感染症による影響等に伴う離職の場合は、離職日以前1年間に被保険者期間が6ヵ月以上あれば基本手当を受給できます。なお、令和2年8月より、賃金の支払基礎日数が11日以上であるものだけでなく、賃金の支払基礎となる時間が80時間以上であるものを被保険者期間1ヵ月として計算することになっています。

②**特定理由離職者**……特定受給資格者以外の人で、期間の定めのある労働契約が更新されなかったことやその他、正当な理由※のある自己都合により離職した人で、

特定理由離職者に該当した人は、離職日以前の1年間に被保険者期間が通算して6ヵ月以上あれば基本手当を受給できます。また所定給付日数は特定受給資格者と同様になります（受給資格に係る離職日が平成21年3月31日から令和7年3月31日までの間にある人が対象）。なお、令和2年8月より、賃金の支払基礎日数が11日以上であるものだけでなく、賃金の支払基礎となる時間が80時間以上であるものを被保険者期間として計算することになっています。

※正当な理由
- 体力の不足、心身の障害、疾病、負傷、視力の減退、聴力の減退、触覚の減退等により離職した人
- 妊娠、出産、育児等により離職し、雇用保険法第20条第1項の受給期間延長措置を受けた人
- 父若しくは母の死亡、疾病、負傷等のため、父若しくは母を扶養するために離職を余儀なくされた場合又は常時本人の介護を必要とする親族の疾病・負傷等のために離職を余儀なくされた場合のように、家庭の事情が急変したことにより離職した人
- 配偶者又は扶養すべき親族と別居生活を続けることが困難となったことにより離職した人
- 次の理由により、通勤不可能又は困難となったことにより離職した人
  - 結婚に伴う住所の変更
  - 育児に伴う保育所その他これに準ずる施設の利用又は親族等への保育の依頼
  - 事業所の通勤困難な地への移転
  - 自己の意思に反しての住所又は居所の移転を余儀なくされたこと
  - 鉄道、軌道、バスその他運輸機関の廃止又は運行時間の変更等
  - 事業主の命による転勤又は出向に伴う別居の回避
  - 配偶者の事業主の命による転勤若しくは出向又は配偶者の再就職に伴う別居の回避
- その他、「特定受給資格者の範囲」の事業主から直接若しくは間接に退職するよう勧奨を受けたことにより離職した人に該

当しない、企業整備による人員整理等で希望退職者の募集に
応じて離職した人等

【表4】基本手当の所定給付日数

離職した日の年齢＼被保険者であった期間	1年未満	1年以上5年未満	5年以上10年未満	10年以上20年未満	20年以上
特定受給資格者および特定理由離職者					
30歳未満		90日	120日	180日	－
30歳以上35歳未満	90日	120日	180日	210日	240日
35歳以上45歳未満		150日	180日	240日	270日
45歳以上60歳未満		180日	240日	270日	330日
60歳以上65歳未満		150日	180日	210日	240日
特定受給資格者および特定理由離職者以外の離職者					
全年齢	－	90日	90日	120日	150日
就職困難者					
45歳未満	150日	300日			
45歳以上65歳未満	150日	360日			

※特定理由離職者の所定給付日数が特定受給資格者と同様になる
のは、受給資格に係る離職の日が平成21年3月31日から令和7
年3月31日までの間にある人に限ります。ただし、正当な理由
（⇨P.202）で離職した場合に該当する人は、被保険者期間が12
ヵ月以上（離職前2年間）ない場合に限り、特定受給資格者と同
様となります。

※特定理由離職者の所定給付日数を特定受給資格者と同様にする
暫定措置は、令和6年度末（令和7年3月31日）までとされてい
ます。

※新型コロナウイルス感染症の影響により離職した人に対する所
定給付日数は、上記の日数に60日（被保険者であった期間が20
年以上の35歳以上45歳未満での270日の場合、45歳以上60
歳未満での330日の場合は30日）延長されることがあります。
①令和2年4月7日以前に離職した人
①令和2年4月8日〜5月25日に離職した人
①令和2年5月26日以降に新型コロナウイルス感染症の影響に
より離職した人

⑺傷病手当

　基本手当の受給資格を満たす人が、公共職業安定所に出頭して求職の申込みをし、失業認定を受けた後に、傷病のため職業に就くことができない期間が継続して15日以上あった場合、受給者が申請すれば、職業に就くことができない日について、基本手当に代えて雇用保険から傷病手当が支給されます。

①支給金額は、基本手当相当額です。

②支給日数については、基本手当の所定給付日数からすでに支給された基本手当の支給された日数を差し引いた日数が限度となります。また、30日以上引き続いて疾病または負傷のために職業に就くことができないときは受給資格者の申出によって、基本手当の受給期間を最大4年間まで延長できます。受給期間を延長した後、その延長理由と同様の疾病または負傷を理由として傷病手当の支給を申請したときの支給日数は、その受給期間の延長がないものとした場合における支給できる日数が限度となります。

③健康保険から傷病手当金の支給が行われる場合は、その間、傷病手当は支給されません。これは、いずれかの給付を選択するという形ではなく、「傷病手当金」が法的に支給される状態(療養のため通院または入院していることにより、就労禁止の状態)にあるときは、失業中ではなく、基本手当や傷病手当が支給されないことを意味します。

⑻技能習得手当

　基本手当を受けている人が、公共職業安定所長の指示にしたがって、公共職業訓練等を受けるときは、その期間、技能習得手当(受講手当、通所手当)が基本手当とは別に支給

されます。

①**受講手当**……受講した日につき500円。受講開始日が平成24年4月1日以降である職業訓練を受講する場合の上限は20,000円となります。

②**通所手当**……受給資格者の住所や居所から、公共職業訓練等を行う施設へ通所するために交通機関、自動車等を利用する場合に、交通費(実費)が支給されます(月額最高42,500円)。なお、支給対象にならない日がある月は、日割により減額されます。

(9)寄宿手当

基本手当受給者が、公共職業安定所長の指示で公共職業訓練等を受けるため、扶養家族と別居して寄宿したときに支給されます。

支給額は、1ヵ月につき10,700円です。なお、支給対象とならない日がある月は、日割により減額されます。

③ 高年齢求職者給付

高年齢求職者給付金は、高年齢被保険者(65歳以上)が離職した場合に、次の【表5】の額が支給されます。なお、65歳以降に支給される老齢厚生年金との併給調整はありません。

【表5】高年齢求職者給付金支給日数(平成15年5月改正)

算定基礎期間	1年未満	1年以上
支給日数	30日分	50日分

※一時金として支給されます。被保険者期間として計算された、離職前6ヵ月間に支払われた賃金を基礎として計算されます。
※離職理由にかかわらず、離職日以前1年間に被保険者期間が6ヵ月以上あれば受給できます。

4 短期雇用特例求職者給付

　季節的に雇用されている人等、短期雇用特例被保険者である人が失業した場合は、一般の被保険者とは区別して基本手当ではなく、特例一時金が支給されます。

(1)受給要件

　特例一時金を受けることができる人は、短期雇用特例被保険者であって、次の要件を満たす人に限られます。

①離職により被保険者でなくなったことの確認を受けたこと

②労働の意志および能力があるにもかかわらず職業に就くことができない状態にあること

③算定対象期間(原則は離職前1年間)に被保険者期間※が6ヵ月以上あること

　受給要件を満たした上で、居住地を管轄する公共職業安定所に求職の申し込みを行い、特例受給資格の決定を行います。

> ※被保険者期間は、1歴月中に賃金の支払基礎日数が11日以上ある月(令和2年8月より賃金の支払基礎時間が80時間以上の月も含む)を1ヵ月として計算します。

(2)特例一時金の額

　特例一時金の額は、特定受給資格者を一般被保険者とみなして計算した基本手当の日額の30日分(当分の間は暫定措置として40日分)となっています。ただし、失業認定があった日から、受給期限日(離職の翌日から起算して6ヵ月後の日)までの日数が30日(当分の間は暫定措置として40日)未満であるときはその日数分となります。

　特例一時金は、一般の被保険者が受給する基本手当とは異なり、失業している日数に応じて支払われるのではな

く、失業している状態にあれば、失業認定日にまとめて支払われるものです。

5 日雇労働求職者給付

日雇派遣で働く人が失業した場合、日雇労働求職者給付金を受けることができます。この給付金は普通給付と特例給付に分かれています。

(1)普通給付の支給要件

日雇労働被保険者が失業した場合には、失業の日の属する月前2ヵ月間に印紙保険料が通算して26日分以上納付されていれば、印紙保険料の納付された日数に応じて、1ヵ月間に最低13日から17日の範囲で支給されます。

(2)日雇労働求職者給付金の日額

日雇労働求職者給付金の日額は次の通りになります。

【表6】日雇労働求職者給付日額

等級	印紙の納付状況	給付日額
第1級	前2ヵ月の第1級印紙保険料の納付が24日分以上のとき	7,500円
第2級	前2ヵ月間の第1級・第2級印紙保険料の合計が24日分以上のとき 前2ヵ月間に、第1級、第2級、第3級の順に選んだ24日分の印紙保険料の平均額が、第2級印紙保険料の日額以上のとき	6,200円
第3級	第1級、第2級に該当しないとき	4,100円

(3)日雇労働求職者給付金の日額等の自動的変更

厚生労働大臣は、平均定期給与額が一定額以上変動し、その状態が継続すると認めるときは、その平均定期給与額の上昇した比率または低下した比率を基準として、日雇労働求職者給付金の日額等を変更できることになっています。

⑷ 日雇労働求職者給付金の支給日数

日雇労働求職者給付金の支給限度日数は、前2ヵ月間の印紙保険料の納付日数により、次表の通り定められています。なお、日雇労働求職者給付金は、各週（日曜日から土曜日までの7日）につき支給されますので、日雇労働被保険者が職業に就かなかった最初の日については、支給されません。

【表7】日雇労働求職者給付金の支給限度日数

印紙の納付枚数	支給日数	印紙の納付枚数	支給日数
26枚から31枚	13日	40枚から43枚	16日
32枚から35枚	14日	44枚以上	17日
36枚から39枚	15日		

⑸ 特例給付の支給要件

特例給付の支給要件は、継続する6ヵ月間（基礎期間）に印紙保険料が各月11日分以上、かつ、通算して78日分以上納付されていることなどがあります。

なお、特例給付は、基礎期間の最後の月の翌月以降4ヵ月の期間内の失業している日について、通算60日分を限度として支給されます。

⑹ 給付制限

公共職業安定所の紹介する業務に就くことを拒んだときは、拒んだ日から起算して7日間、失業の認定および給付金の支給は行われません。また、偽りその他不正の行為により求職者給付または就職促進給付の支給を受け、または受けようとしたときは、支給を受けた月または受けようとした月、およびその月の翌月から起算して3ヵ月間、日雇労働求職者給付金は支給されません。

6 求職者等給付の制限

(1)就職等を拒否した場合

　被保険者であった人が、公共職業安定所長の紹介する職業に就くこと、または指示された職業訓練を受けることを拒んだときは、その日より1ヵ月間求職者等給付は支給されません。なお、次の場合は除かれます。

①紹介された職業または職業訓練を受けることを指示された職種が、その人の能力に照らし不適当であるとき

②就職のためまたは職業訓練を受けるための住所地の変更が困難であるとき

③就職先の報酬が不当に低額であるとき

④労働争議発生中の事業所に紹介されたとき

⑤その他正当な理由があるとき

(2)他の保険給付との調整

　健康保険から出産手当金および傷病手当金の支給を受ける期間は、求職者等給付は支給されません。

(3)不正受給

　本来は基本手当を受けられないにもかかわらず、虚偽の申告などにより基本手当を受給しようとした場合には、不正受給としてそれ以後の支給がすべて停止され、厳しい処分が行われます。

7 就職促進給付

(1)就業促進手当
●就業手当
①支給要件
　ア　基本手当の支給残日数が所定給付日数の3分の1以上ありかつ45日以上あること

イ 受給手続き後、7日間の待期期間が満了した後に就業したこと

ウ 離職前の事業主(関連事業の事業主を含む)に再び雇用されたものでないこと

エ 離職理由による給付制限を受けた場合に、待期満了後1ヵ月間は公共職業安定所または職業紹介事業者の紹介により再就職したこと

オ 求職の申し込みをした日前に雇用予約をしていた事業主に雇用されたものでないこと

②受給手続……就業手当の支給を受けようとするときは、原則として失業の認定にあわせて、4週間に1回、前回の認定日から今回の認定日の前日までの各日について「就業手当支給申請書」に受給資格者証と就業した事実を証明した資料(給与明細書等)を添付して、居住地を管轄する公共職業安定所に提出します。

③支給額……「就業日×30%×基本手当日額」が支給されます。なお、就業手当を受けた日は、基本手当の支給を受けたものとみなされます。

【表8】就業手当支給における基本手当日額の上限および支給日額の上限(令和4年8月1日〜)

年齢区分	基本手当日額	支給日額
60歳未満	6,190円	1,857円
60歳〜65歳未満	5,004円	1,501円

●再就職手当

①支給要件……就業手当の支給要件のア〜オの他に、次の要件が必要です。

ア 1年を超えて引き続き雇用されることが確実であると認められる職業に就いたこと、または事業(公

共職業安定所長が認めたもの)を開始したこと

イ　再就職日前3年以内に再就職手当または常用就職支度手当の支給を受けたことがないこと

ウ　同一の就職について高年齢再就職給付金の支給を受けていないこと

エ　その他同手当を支給することが受給資格者の職業の安定に資すると認められること

オ　再就職手当の支給決定の日までに離職していないこと

②支給額……再就職手当は、早期に再就職するほど支給割合が多くなります。

- 基本手当の支給残日数が所定給付日数の3分の2以上の場合……再就職手当=基本手当日額×支給残日数×7割
- 基本手当の支給残日数が所定給付日数の3分の1以上の場合……再就職手当=基本手当日額×支給残日数×6割

【表9】再就職手当における基本手当日額の上限(令和4年8月1日~令和5年7月31日)

年齢区分	基本手当日額
60歳未満の人	6,190円
60歳以上65歳未満の人	5,004円

●就業促進定着手当

　再就職後の賃金が離職前の賃金と比べて低下した場合には、6ヵ月間職場に定着することを条件に、再就職手当に加えて、低下した賃金の6ヵ月分が一時金として追加支給されます。ただし、基本手当の支給残日数分の40%(早期再就職の場合は30%)相当額を上限とします(平成26年4月から)。

●常用就職支度手当

　常用就職支度手当は、45歳以上の受給資格者(基本手当の

支給残日数が所定給付日数の3分の1未満または45日未満の人）等を
対象に、身体に障害を持つ人等、一定の要件を満たす就職
が困難な人が安定した職業に就いた場合に支給されます。
なお、再就職手当との併給はできません。

　①支給額……基本手当日額×90日※1×4割
　※1原則90日。基本手当の支給残日数が90日未満の場合には、
　　支給残日数に相当する日数（残日数が45日未満の場合は45日）
　※基本手当日額の上限は再就職手当と同じになります（【表9】）。

(2)移転費

　受給資格者が、公共職業安定所の紹介した職業に就くた
め、または公共職業安定所の指示により公共職業訓練等を
受けるため移転する必要がある場合に、その移転に要する
費用が支給されます。移転費は、鉄道賃、船賃、航空賃、
車賃、移転料、着後手当の6種類があります。平成30年1
月より、特定地方公共団体や一定の職業紹介事業者の紹介
した職業に就く人も移転費の支給対象に追加されました。
　移転の距離により、費用の制約があります。

(3)求職活動支援費

　求職活動支援費には、広域求職活動費、短期訓練受講
費、求職活動関係役務利用費の3つがあります。

　①**広域求職活動費**……広域求職活動費は、受給資格者
　　が、公共職業安定所の紹介により広範囲にわたる求職
　　活動を行う場合で、次のすべての要件を満たしていれ
　　ば、広域求職活動に要する費用が支給されます。ただ
　　し、交通費、宿泊料の制約があります。
　　ア　待期または給付制限の期間が経過した後に広域求
　　　　職活動を開始するとき
　　イ　広域求職活動に要する費用が訪問先の事業所の事
　　　　業主から支給されないとき、またはその支給額が広

域求職活動費の額に満たないとき

②短期訓練受講費……受給資格者がハローワークの職業指導により、短期間の教育訓練を受けて修了した場合、その講座の入学金や受講料の費用の2割（上限は10万円）を支給する制度です。対象となる講座は、一般教育訓練給付の対象とは指定されていない講座で、訓練期間が1ヵ月未満のものであり、公的資格を取得できるものとなっています。

③**求職活動関係役務利用費**……求人者に面接等を受ける際に、その子どもの一時預かり等のサービスを利用した場合に利用費の8割が支給されるものとなっています（1日あたりの利用費の上限は8,000円、その8割の6,400円まで支給）。

8 教育訓練給付

教育訓練給付制度は、働く人の主体的な能力開発の取組みを支援し、雇用の安定と再就職の促進を図ることを目的とした制度です。教育訓練給付金は、一般被保険者や高年齢被保険者（または一般被保険者であった人や高年齢被保険者であった人）で次の支給要件に該当する人が、厚生労働大臣の指定する教育訓練を受講し終了した場合に支給されます。

(1)一般教育訓練給付金

①支給要件

　ア　受講開始日までに被保険者であった期間が3年以上（初めて支給を受ける場合は、当分の間1年以上）あること

　イ　受講開始日に被保険者でない場合は、直近の資格喪失日から1年以内に受講していること

※ただし、資格喪失後1年間に妊娠、出産、育児、傷病等により、引き続き30日以上教育訓練の受講を開始できない場合には、そ

の期間を延長できます。

②支給額……本人が支払った受講費用の20%相当額となります。ただし、上限額は10万円とし、4千円を超えない場合は支給されません。なお、速やかな再就職及び早期のキャリア形成に資する教育訓練として厚生労働大臣が指定する講座(特定一般教育訓練)を受講した場合には、受講費用の4割(上限20万円)が特定一般教育訓練給付金として支給されることとなりました(令和元年10月より)。

(2)専門実践教育訓練給付金

①支給要件……受講開始日現在で雇用保険の支給要件期間が3年以上(初めて支給を受ける人については、当分の間、2年以上※)あること、受講開始日時点で被保険者でない人は、被保険者資格を喪失した日以降、受講開始日までが1年以内(適用対象期間の延長が行われた場合は最大20年以内)であること、前回の教育訓練給付金受給から今回の受講開始日前までに3年以上経過していることなどが必要です。

　※平成26年10月1日前に旧制度の教育訓練給付金を受給した場合であって、初めて専門実践教育訓練を受給しようとする場合は2年、同年10月1日以降に旧制度の教育訓練給付金又は一般教育訓練給付金の支給を受けた場合は3年以上となります。なお、平成26年10月1日前に教育訓練給付金を受給した場合はこの取扱は適用されません。
　令和7年4月以降の高年齢雇用継続基本給付金の額については、支給対象月の賃金と給付額の合計が60歳時賃金に比して61%以下の時は、賃金の原則10%に縮小され、70.4%から75%：未満の時の給付額は逓減され、75%以上は支給なしとなります。

②支給額……受講費用の50%相当額が支給されます(1年間で40万円を超える場合は40万円)。資格取得などの上で、

受講修了から1年以内に就職に結び付いた場合には、さらに受講費用の20%相当額が追加支給されます（合計70%）。ただし、1年間の給付額は56万円を上限とします。

③支給期間……最大で4年間分支給されます。

(3)教育訓練支援給付金

45歳未満の離職者が専門実践教育訓練を受講する場合、訓練期間中は、離職前の賃金に基づいて算出した額（平成30年1月より基本手当の80%相当額）が教育訓練支援給付金として支給されます（令和6年度までの暫定措置）。

⑨ 雇用継続給付

雇用継続給付は、高齢者等の職業生活の円滑な継続を援助、促進するための給付です。給付の種類には、高年齢雇用継続給付（高年齢雇用継続基本給付金、高年齢再就職給付金）、介護休業給付（介護休業給付金）があります。

(1)高年齢雇用継続基本給付金

高年齢雇用継続基本給付金は、60歳以上65歳未満の被保険者が、60歳時点に比べて相当程度賃金が低下した場合に支給されます。

【図】同一の企業に60歳以降も引き続き雇用される場合

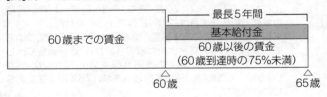

【図】失業給付を受けずに他企業に再就職した場合

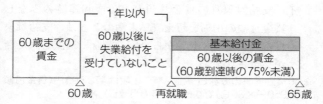

①賃金月額の算定方法……60歳到達時の賃金月額は、原則として60歳到達時前6ヵ月間の賃金（ボーナス等を除く）の合計を180で除して得た日額に30を乗じて得た額となります。この日額を算定するときの受給要件の緩和、日額算定が困難なときの算定方法は、ほぼ失業給付における賃金日額の算定方法と同じです。

②支給要件……高年齢雇用継続基本給付金は、60歳以上65歳未満の一般被保険者が、次のアおよびイのいずれの事由にも該当する場合に支給されます。

ア　被保険者であった期間が5年以上あること

イ　60歳時点に比べて各暦月（支給対象月※）の賃金が、60歳に達した日を離職日とみなして得た賃金日額（「みなし賃金日額」という）×30日（「みなし賃金月額」という）の75％に相当する額より低下した状態で雇用されていること

※高年齢雇用継続給付における支給対象月とは次の要件を満たした月をいいます。
　• 初日から末日まで引き続いて被保険者である月
　• 育児休業給付金または介護休業給付金を受けることができる休業をしなかった月

③支給額……高年齢雇用継続基本給付金の支給額は、支給対象各月につき次の計算式で決定されます。

ア　支給対象月の賃金が60歳到達時のみなし賃金月

額の61％以下のとき支給対象月の賃金月額×15％

　　イ　支給対象月の賃金月額が、60歳到達時のみなし
　　　賃金月額の61％を超え75％未満のときは、支給対象
　　　月の賃金月額×15％から一定の割合で逓減された額
　　　が支給されます。

　※60歳到達時のみなし賃金月額の上限は478,500円(賃金日額
　　15,950円×30日)です(令和4年8月改正)。

　　ただし、支給額が2,125円(令和4年8月改正後)を超えない
ときは支給されません。また、当該給付と支給対象月の
賃金の合算額が364,595円(賃金日額の上限が変更されたとき
は、毎年8月にこれに連動して変更されます)を超える場合は、
364,595円から賃金月額を控除した額が支給されます。

　※最低額「2,125円」および上限額「364,595円」は、毎年8月に厚
　　生労働大臣が告示。
　※令和7年4月以降の高年齢雇用継続基本給付金の額については、
　　支給対象月の賃金が60歳到達時の61％以下のときは10％に縮小
　　され、賃金がみなし賃金月額の64％以上75％未満である場合は
　　その率に応じて支給率が逓減することになります。なお、75％以
　　上のときは支給はありません。

　④支給期間……高年齢雇用継続基本給付金の支給対象期
　　間は、被保険者が60歳に達した月から65歳に達する
　　月までです。ただし、60歳時点において、雇用保険
　　に加入していた期間が5年に満たない場合は、雇用保
　　険に加入していた期間が5年となるに至った月から、
　　この給付金の支給対象期間となります。

　⑤給付制限……非行、疾病その他厚生労働省令で定める
　　理由により賃金が低下したときは、支給が行われない
　　ことがあります。

(2)高年齢再就職給付金

　　60歳に達した後に、求職者給付の基本手当の支給を受

け、その支給残日数が100日以上ある人が、再就職して、被保険者となったとき、再就職後の賃金額が相当程度低い状態で雇用された次の場合に支給されます。

①支給要件……高年齢再就職給付金は、60歳以上65歳未満の被保険者が、次のアからエまでのいずれの事由にも該当する場合に支給されます。

　ア　被保険者であった期間が5年以上あること

　イ　再就職後の各暦月（支給対象月）の賃金が基本手当の算定の基礎となった賃金日額に30を乗じて得た額（原則として「60歳到達時みなし賃金月額」）の75％に相当する額より低下した状態で雇用されていること

　ウ　再就職し、雇用保険の被保険者として就労していること

　エ　就職日の前日における基本手当の支給残日数が100日以上あること

②支給額……高年齢再就職給付金は、高年齢雇用継続基本給付金の③支給額の計算式（⇨P.217）と同じ計算式により計算されますが、「60歳到達時みなし賃金月額」は、直前の基本手当の算定の基礎となった賃金日額に30を乗じて得た額が離職時の賃金月額として計算されます。

※令和7年4月以降については高年齢雇用継続基本給付金と同様、最大で支給対象月の賃金月額の10％になります。

③支給期間……高年齢再就職給付金の支給を受けることができる期間は、再就職した日の前日における基本手当の支給残日数に応じて次の通りとなります。ただし、同一の就職で再就職手当を受給した場合は支給されません（いずれの給付を受給するか選択となります）。

　ア　基本手当の支給残日数が200日以上あるとき：2

年間

イ 基本手当の支給残日数が100日〜199日あるとき：
1年間

※被保険者が65歳に達した場合は、その期間に関わらず65歳に
達した月までとなります。

④支給対象月……その月の初日から末日まで、引き続い
て被保険者である月のみが支給対象月となります（就
職日が月の途中の場合は、その翌月から）。

⑤給付制限……非行、疾病その他厚生労働省令で定める
理由により賃金が低下したときは、支給が行われない
ことがあります。

●年金との併給調整について

平成10年4月1日から高年齢雇用継続給付と特別支給の
老齢厚生年金（在職老齢年金）の併給について、調整が行われ
ています（⇨P.136）。

【表10】賃金の低下率に対する高年齢雇用継続給付の支給率お
よび老齢厚生年金の支給停止率表（平成15年5月改正
〔単位：％〕）

賃金低下率	支給率	年金停止率	賃金低下率	支給率	年金停止率	賃金低下率	支給率	年金停止率
75.00以上	0.00	0.00	70.00	4.67	1.87	65.00	10.05	4.02
74.50	0.44	0.18	69.50	5.17	2.07	64.50	10.64	4.26
74.00	0.88	0.35	69.00	5.68	2.27	64.00	11.23	4.49
73.50	1.33	0.53	68.50	6.20	2.48	63.50	11.84	4.73
73.00	1.79	0.72	68.00	6.73	2.69	63.00	12.45	4.98
72.50	2.25	0.90	67.50	7.26	2.90	62.50	13.07	5.23
72.00	2.72	1.09	67.00	7.80	3.12	62.00	13.70	5.48
71.50	3.20	1.28	66.50	8.35	3.34	61.50	14.35	5.74
71.00	3.68	1.47	66.00	8.91	3.56	61.00以下	15.00	6.00
70.50	4.17	1.67	65.50	9.48	3.79			

(3)介護休業給付金

　介護休業給付金は、2週間以上にわたり常時介護を必要とする状態にある家族の介護をするために、休業した場合に支給される給付金です。

　①支給要件……介護休業給付金は、一般被保険者や高年齢被保険者が次の要件を満たした場合に支給されます。

　　ア　2週間以上にわたり常時介護を必要とする状態にある家族(配偶者、父母、義父母、子、祖父母、兄弟姉妹、孫)を介護すること

　　イ　休業開始前の2年間に、賃金支払基礎日数が11日以上ある月(過去に基本手当の受給資格決定を受けたことがある場合は、その後のものに限る)が12カ月以上あること

　　ウ　事業主に申し出をし、その期間の初日および末日を明らかにしていること

　　エ　各支給単位期間(介護休業開始日から起算した1ヵ月ごとの各期間)に支払われた賃金が、休業開始時点の賃金月額の80%未満であること

　　オ　各支給単位期間の初日から末日まで継続して被保険者期間があること

　　カ　休業している日数が、休日も含み各支給単位期間ごとに20日以上あること(ただし、介護休業終了日が含まれる支給単位期間は、休んだ日が1日でもあれば支給の対象となります)

※期間雇用者の支給要件
　期間を定めて雇用される被保険者は、前記のほか、介護休業開始予定日から起算して93日経過する日より6ヵ月経過する日までに労働契約を満了することが明らかでないことが必要です。

　②支給額……休業開始時賃金日額【注】×支給日数×67%

※休業開始時賃金日額：介護休業開始日前6ヵ月間の賃金÷180
※平成28年7月までは40%で、平成28年8月より67%になりました。

　ただし、支給対象期間中に賃金が支払われた場合、支払われた賃金と給付金の額を加算した額が、休業開始時賃金日額×支給日数の80%を超える場合は、休業開始時賃金日額×支給日数の80%から支給単位期間中に支払われた賃金の額を差し引いた額が支給されます。支払われた賃金額だけで、休業開始時の賃金月額（賃金日額×支給日数）の80%を超える場合、介護休業給付金は支給されません。

　休業開始時賃金月額には限度額があり、501,300円を超える場合は501,300円、79,710円を下回るときは79,710円となりますが、これに伴い、支給対象期間（1ヵ月）あたりの介護休業給付金の上限額は、335,871円となります（令和5年7月31日までの額）。

　③支給対象期間……介護休業給付金は、支給対象となる家族の同一要介護につき通算93日分を最大3回まで分割して受給できます（平成29年1月以降）

10 育児休業給付

(1)育児休業給付金

　失業等給付の雇用継続給付の1つであった育児休業給付は、令和2年4月より、失業等給付から独立した独自の給付として位置づけられることになりました。

　一定の要件を満たした一般被保険者や高年齢被保険者が1歳に満たない子を養育するために育児休業を取得して、賃金が一定基準（養子縁組里親、養育里親等も含む）を下回った場合に、育児休業給付金が支給されます。

　①支給要件

ア　休業開始前の2年間に、賃金支払基礎日数が11日
　　以上ある月(過去に基本手当の受給資格決定を受けたこと
　　がある場合は、その後のものに限る)が12ヵ月以上ある
　　こと

イ　各支給単位期間※1に支払われた賃金が、休業開
　　始時賃金月額の80%未満であること

ウ　各支給単位期間の初日から末日まで継続して被保
　　険者期間があること

エ　休業している日数が、休日も含み各支給単位期間
　　ごとに20日以上あること(ただし、育児休業終了日が含
　　まれる支給単位期間は、休んだ日が1日でもあれば支給の対
　　象となります)

※1　産後休業した被保険者で当該期間が12ヵ月未満の場合、産
　前休業開始前2年間で当該12ヵ月以上あることが条件です。
※支給単位期間……休業開始日(産後休業後、引き続いて育児休業
　に入るときは出産日より起算して58日目。男性の場合は出産日
　当日から可能)から起算した1ヵ月ごとの各期間。

②支給額……休業開始時賃金日額×支給日数×40%（当
分の間は50%・休業開始後6ヵ月間は67%※)

※休業開始時賃金日額:育児休業開始日前6ヵ月間の賃金÷180
※平成26年4月から、育児休業開始後6ヵ月間の給付割合が67%
　に引き上げられました。

　育児休業を開始した日から、起算した1ヵ月ごとの期間
について支給されます。ただし、支給対象期間中に賃金が
支払われた場合、支払われた賃金と給付金の額を合算した
額が、休業開始時賃金日額×支給日数の80%を超える場合
は、休業開始時賃金日額×支給日数の80%から、支給単位
期間中に支払われた賃金の額を差し引いた額が支給されま
す。支払われた賃金額だけで、休業開始時の賃金月額(賃
金日額×支給日数)の80%を超える場合は、育児休業給付金

は支給されません。

　休業開始時賃金月額には限度額があり、455,700円を超える場合は455,700円、79,710円を下回るときは、79,710円となりますが、これに伴い、支給対象期間（1ヵ月）あたりの育児休業給付金の上限額は、227,850円（50％）、あるいは305,319円（67％）となります（令和5年7月31日までの額）。

　③支給対象期間……原則として育児休業開始日から、子が満1歳になった日（満1歳の誕生日の前日）の前日までの期間となります。

● パパ・ママ育休プラス制度

　父母ともに育児休業を取得する場合は、次の条件にすべて該当する場合に、子が1歳2ヵ月に達する日の前日までの間に最大1年まで育児休業給付金が支給されます（平成22年6月30日施行）。

　①育児休業開始日が1歳に達する日の翌日以前である場合
　②育児休業開始日が、配偶者（事実上婚姻関係と同様の事情にある人を含む。以下同じ）が取得している育児休業期間の初日以後である場合
　③配偶者が当該子の1歳に達する日以前に育児休業を取得していること父が育児休業を取得する場合は、給付金を受給できる期間の上限は1年間となります。母が育児休業を取得する場合は、出産日（産前休業の末日）と産後休業期間と育児休業給付金を受給できる期間を合わせて1年間が上限となります。

【支給対象期間の延長】

　保育所に入所できない等の理由により、子が1歳に達する日※以降に育児休業を取得する場合は、子が1歳6ヵ月に達する日の前日までの期間についても支給対象期間となります。ただし、当初から子が1歳に達する日以降に取得

する予定であった場合、市町村が認可している保育施設への入所申込みが遅れ、無認可の保育施設へ入所申込みした場合は、延長の対象となりませんので注意が必要です※。
「パパ・ママ育休プラス制度」の利用で育児休業終了予定日とされた日が子の1歳に達する日以降である場合は、休業終了予定日の翌日となります。

※平成29年10月より、子が1歳6ヵ月に達した後の期間について、休業することが雇用継続に特に必要と認められる一定の場合には、被保険者が2歳に満たない子を養育するための休業をしたときに育児休業給付金を支給することになりました。

(2)出生時育児休業給付金

令和4年10月より、産後パパ育休を取得した場合に支給される出生時育児休業給付金が新設されました。

子の出生の日(出産予定日以前に出産した場合は出産の日)から起算して8週間を経過する日の翌日までの期間内に、4週間以内の期間を定めて当該子を養育するための育児休業期間中に支給されます(2回に分割して取得可能)。

①支給要件……以下の要件を満たせば支給されます。

　ア　休業開始日前2年間に、賃金支払基礎日数が11日以上ある(11日ない場合は就業している時間数が80時間以上の)完全月が12ヵ月以上あること。

　イ　休業期間中の就業日数が、最大10日(10日を超える場合は就業している時間数が80時間)※以下であること。

※28日間の休業を取得した場合の日数・時間。

②支給額……休業開始時賃金日額(原則、育児休業開始前6ヵ月間の賃金を180で除した額)×支給日数×67%※

※支給された日数は、育児休業給付の支給率67%の上限日数である180日に通算されます。

令和5年4月1日から、常時雇用する労働者が1,000人を

第7章

超える事業主は、育児休業等の取得の状況を年1回公表することが義務付けられています。

第8章　介護保険

第1節　制度の概要（目的）

　介護保険は、高齢者の保健・医療・福祉に係る総合的な介護施策として、平成12年4月に発足しました。介護を必要とする高齢者が自立して生活を営めるよう、効率的で一元的な介護サービスを提供することを目的としています。

第2節　保険者

　介護保険を運営するのは市区町村ですが、効率的な運営をめざして、複数の市区町村が一部事務組合や広域連合を組織して、財政基盤を安定化させることもできます。

第3節　被保険者

1 被保険者

　介護保険の被保険者は、その市区町村に住所のある40歳以上の人になります。

　なお、年齢によって次の2種類に分かれています。

①第1号被保険者……65歳以上の住民

②第2号被保険者……40歳以上65歳未満の住民で医療保険加入者※

※健康保険法、船員保険法、国民健康保険法、各種共済組合法の加入者および被扶養者

2 被保険者資格の取得と喪失

被保険者の資格は、次のいずれかに該当した日に取得します。

①医療保険加入者が40歳に達したとき（誕生日の前日）

②40歳以上65歳未満の医療保険加入者または65歳以上の人が市区町村の住民になったとき

③40歳以上65歳未満の住民が医療保険加入者になったとき

④医療保険加入者以外の住民が65歳に達したとき（誕生日の前日）

そして、市区町村の住民でなくなった日の翌日（住民でなくなった日に他の市区町村の住民になった場合は当日）と、医療保険加入者（第2号被保険者）でなくなった日に資格を喪失します。

介護保険の被保険者には被保険者証が交付されます。第1号被保険者は全員に、第2号被保険者については、交付の申請を行った人と要介護・要支援認定を受けた人に交付されます。

●介護保険の適用除外者

40歳以上65歳未満の医療保険加入者のうち、①国内に住所のない人、②短期滞在の外国人、③適用除外施設[※1]入所者は介護保険の（第2号）被保険者となりません。健康保険での該当者は、事業主を通じて年金事務所または健康保険組合に適用除外等該当届[※2]を提出します。

※1　適用除外施設……①身体障害者療護施設、②重症心身障害児施設、③指定国立療養所等の重度心身障害児（者）病棟・進行性筋萎縮症児（者）病棟、④福祉施設、⑤ハンセン病療養所、⑥救護施設、⑦労災特別介護施設

※2　適用除外等該当届には、①該当する被保険者・被扶養者の氏名・生年月日、②被保険者証の記号・番号、③第2号被保険者に

該当しなくなった理由、年月日などを記載します。また、必要に応じて、住民票の除票や外国人登録証明書、適用除外施設への入所・入院証明などを添付します。

なお、適用除外者が介護保険の第2号被保険者に該当するようになった場合も、同様の届出（適用除外等非該当届）を行います。

第4節　保険給付について

　介護保険で実施される介護サービスは、要介護者に対する介護給付と要支援者に対する予防給付に大きく分けられます。法律で定められたサービスは全国共通で実施されますが、これとは別に市区町村が第1号被保険者の保険料を使って独自の給付を行うこともできます。介護サービスの内容は第5節で詳述しますが、利用までの流れを先に示します。

1 要介護・要支援の認定

　介護保険の給付を受けるには、まず市区町村に申請して、介護が必要かどうか、どの程度の介護が必要かなどについて認定を受けることが条件となります（本人や家族から）。申請を受けた市区町村は、「①被保険者の心身の状況を調査し、②主治医の意見を聞き、③介護認定審査会に審査・判定を依頼し、④その結果に基づき認定を行う」という手順で、要介護・要支援・非該当（自立）の認定を行います。

　介護認定審査会は、保健・医療・福祉の分野から市区町村長が任命する5人程度の合議体で、複数の市区町村で共同設置することもできます。認定は、原則として申請から30日以内に行われますが、特別な理由があれば延長されることもあります。

　認定には、公平性の観点から全国一律の基準が用いられ

ます。要介護認定の有効期間は原則、①申請日から月末まで、②それ以降の6ヵ月を合算した期間、であり同様の状態が続くときは(認定の)更新の申請ができます。

要支援・要介護の状態とは次のような状態をいいます。

- 要介護……身体・精神の障害で入浴、排泄、食事等の日常生活を6ヵ月以上継続して常時介護を要すると見込まれる状態。この状態は「要介護1〜5」の5段階に分けられます。

- 要支援……現在は介護の必要がないものの、日常生活を営む上で6ヵ月以上継続して身の回りのこと(身支度、掃除、洗濯、買い物等)に支援が必要であると見込まれる状態。「要支援1〜2」の2段階に分けられます。

② 介護サービス計画の作成(要介護1〜5対象)

要介護の認定を受けた人が在宅サービスを利用する場合、居宅サービス計画(ケアプラン)が作成されます。計画は、被保険者が自分で作成することも可能ですが、実際には、居宅介護支援事業者に依頼し、保健や福祉の専門家である介護支援専門員(ケアマネジャー)が市区町村やサービス事業者との調整を図り、利用者の希望も聞きながら、要介護度により設定されている支給限度額の範囲で計画を立て、利用者は計画に基づいた介護サービスを受けることになります。

なお、介護サービス計画の費用は、全額が介護保険から給付され、自己負担はありません。

また、施設入所の場合は、その施設で計画を作成します。

③ 介護予防サービス計画の作成(要支援1〜2対象)

要支援の認定を受けた人は、介護予防サービスを利用で

きます。そのサービス計画は「地域包括支援センター」が利用者の目標を設定し、介護予防ケアプランを作成します。

●地域包括支援センター

　生活機能が低下し介護が必要になる可能性が高い高齢者の状況を確認し、市区町村が実施する介護予防事業の対象者（特定高齢者）の選定を行います。市区町村の地域介護の中核拠点の役割であり、ほぼ中学校区に１ヵ所の割合で設置され、主任ケアマネジャー、保健師、社会福祉士等が中心となって、高齢者のよろず相談の窓口ともいえる機関として、福祉、生活上の悩みごと等にも応じています。

4 第２号被保険者の特定疾病（40歳以上65歳未満）

　第２号被保険者が要介護・要支援の認定を受けられるのは、その状態となった原因が、政令で定める次の「特定疾病」による場合に限られます。

　①筋萎縮性側索硬化症、②後縦靱帯骨化症、③骨折を伴う骨粗しょう症、④多系統萎縮症、⑤初老期における認知症、⑥脊髄小脳変性症、⑦脊柱管狭窄症、⑧早老症、⑨糖尿病性神経障害・糖尿病性腎症および糖尿病性網膜症、⑩脳血管疾患（外傷性を除く）、⑪進行性核上性麻痺・大脳皮質基底核変性症およびパーキンソン病、⑫閉塞性動脈硬化症、⑬関節リウマチ、⑭慢性閉塞性肺疾患、⑮両側の膝関節または股関節に著しい変形を伴う変形性関節症、⑯末期がん

5 自己負担額と利用限度額

　①自己負担額はサービス費用の１割（一定以上所得者は２割、高所得者は平成30年８月より３割（月額44,400円の負担上限額あり））と、施設サービスの場合は食費・部屋代の全額です（要支援１〜２・要介護１〜５共通）。なお、施設入所の場

合の食費・部屋代は利用するときの契約によりますので、事業者ごとに異なります。

②介護保険の居宅サービスには要介護度に応じて限度額があり、その範囲内で利用することができます。要介護度により利用できるサービスや費用、利用限度額は、各市区町村でそれぞれ定められています。上限を超えてサービスを利用するときには、全額自己負担になります。

【表1】居宅サービス1ヵ月当たりの支給限度額（令和元年10月改正）

要介護状態区分	支給限度基準額
要支援1	5,032単位
要支援2	10,531単位
要介護1	16,765単位
要介護2	19,705単位
要介護3	27,048単位
要介護4	30,938単位
要介護5	36,217単位

※1単位の単価は、10円にそれぞれの地域区分(7区分)およびサービスの種類に応じた調整割合を乗じて得た額となります。

③月々の介護サービス費の1割（所得によっては2割ないし3割）の負担額が世帯合計(個人)で所得に応じた上限額を超えた場合、申請により超えた分が払い戻されます（高額介護サービス費）。

【表2】高額介護サービス費の利用者負担限度額（令和3年7月まで）

収入要件	世帯の上限額（月）
①現役並み所得者（年収約383万円以上）に相当する人がいる世帯の人	44,400円
②市民村民課税世帯の人（一般）	44,400円
③市町村民税非課税　等	24,600円
④市町村民税非課税で年金収入が80万円以下である場合　等	世帯24,600円
	個人15,000円
⑤生活保護の被保険者　等	個人15,000円

【表3】高額介護サービス費の利用者負担限度額（令和3年8月以降）

収入要件	世帯の上限額（月）
年収約1,160万円〜	140,100円
年収770万円以上約1,160万円未満	93,000円
市町村民税課税世帯の人（一般）〜年収約770万円未満	44,400円
市町村村民税非課税　等	24,600円
市町村民税非課税で年金収入が80万円以下である場合等	世帯24,600円
	個人15,000円
生活保護の被保険者　等	個人15,000円

④低所得者には負担の軽減が図られ、また、その他の特例もありますので、それぞれの市区町村に詳細を問い合わせてください。

6 医療保険との給付の調整

　介護保険からは、要介護者等の心身の特性をふまえた医療が実施されることもあります。たとえば、医師による医学的管理や訪問看護、リハビリテーション、療養病床への入院などですが、これらが実施された場合は、介護保険の給付が医療保険の給付より優先されます。ただし、要介護

者等であっても、急病や新たに別の病気にかかったとき等は、医療保険からの給付になります。

7 高額介護・高額医療合算制度

平成20年4月より、介護保険・医療保険合算の自己負担額を超えた場合に払い戻しを受けられる制度が導入されています（⇨P.45）。

第5節　介護サービスの内容

介護保険で実施される介護サービスは、次の3つに大きく分けられます。
①要介護1〜5の認定を受けた人へのサービス
②要支援1〜2の認定を受けた人へのサービス
③要介護や要支援認定を受けていない人へのサービス法律で定められたサービスは全国共通で実施されますが、これとは別に市区町村が独自のサービスを行うこともできます。

1 要介護1〜5の認定者へのサービス

⑴居宅（在宅）サービス

①訪問介護（ホームヘルプ）……ホームヘルパーが自宅を訪問し、身体の介護や生活の援助を行います。
②訪問入浴介護……浴槽を自宅に運び入れて入浴サービスを行います。
③訪問看護……主治医の指示で看護職員が自宅を訪問し、健康のチェックや療養の世話を行います。
④訪問リハビリテーション……理学療法士や作業療法士が自宅を訪問し、機能訓練を行います。

⑤居宅療養管理指導……医師、歯科医師、薬剤師等が自宅を訪問し、療養の指導を行います。

⑥通所介護(デイサービス)……デイサービス施設に通所してサービスを受けます。新たに、在宅の中重度者も療養のため通所することが可能となりました。

⑦通所リハビリテーション(デイケア)……機能訓練を受けるため、それに適した施設に通所します。

⑧短期入所生活介護(福祉施設でのショートステイ)……家庭での介護が一時的に困難な場合などに、短期間滞在してサービスを受けます。

⑨短期入所療養介護……介護老人保健施設や医療施設でのショートステイです。

⑩特定施設入居者生活介護……介護保険の指定を受けた介護付有料老人ホーム等に入居し、介護やリハビリを受けます。

⑪福祉用具貸与……日常動作を助けるための用具をレンタルできます。ただし、認定状況によっては、給付対象外になる場合があります。福祉用具事業者には、平成30年4月より貸与する用具について、機能、価格帯の異なる複数の商品を提示することが義務付けられ、平成30年10月より当該事業者は国が公表する全国平均貸与価格と業者の設定価格の両方を提示して利用者に説明し、適正価格での貸与を行うことになりました。

⑫特定福祉用具購入……レンタルになじまない福祉用具には、購入費の補助があります。

⑬住宅改修費の補填……介護保険を利用して住宅を改修する場合は、事前に市区町村に届け出て相談する必要があります。

※平成30年4月より、高齢者と障害児者が、同一の事業所で介護

と障害福祉の両方のサービスを受けられるよう、介護保険と障害福祉の両制度に新しく「共生型サービス」が創設され、ホームヘルプサービス、デイサービス、ショートステイがその対象となっています。

(2)施設サービス

①介護老人福祉施設(特別養護老人ホーム)……日常生活の世話、機能訓練、健康管理および療養上の世話を行う施設です(新規入居は原則要介護3以上)。

②介護老人保健施設……日常生活動作のリハビリ等を行いながら、在宅生活復帰を目指す施設です。

③介護療養型医療施設……療養病床と老人性認知症疾患療養病棟の2種類があります。

※食費と部屋代(居住費)は利用者負担となります。
※平成30年4月より、新しい介護保険施設として、長期療養のための医療と、日常生活を送るための介護を一体的に受けられる施設として介護医療院が開設できることになっています。

(3)地域密着型サービス

市区町村ごとにサービス提供事業者が指定され、できるだけ自宅や地域で生活できるように、柔軟なサービスが提供されます。

①小規模多機能型居住介護……利用者の住み慣れた地域で、主に通所によるサービスを提供します。なお、利用できる事業所は1ヵ所に限ります。

②夜間対応型訪問介護……夜間の定期的な巡回訪問介護サービスのほか、随時訪問、利用者の通報に対応するオペレーションサービス等を行います。

③認知症対応型共同生活介護(グループホーム)……比較的安定した認知症の人を対象に、共同生活をしながら、入浴・食事の提供を行います。

④認知症対応型通所介護（認知症対応型デイサービス）……
比較的安定した認知症の人を対象に、デイサービスセン
ターなどに通い、入浴・食事の提供と、介護機能訓
練や日常生活の世話を行います。
⑤地域密着型介護老人福祉施設入所者生活介護……定員
29名以下の小規模介護老人福祉施設（特別養護老人ホー
ム）での施設サービスです。
⑥地域密着型特定施設入居者生活介護……定員29名以
下の小規模有料老人ホーム等（介護専用型特定施設）での
施設サービスです。
⑦地域密着型通所介護……定員が18名以下の小規模な
デイサービスです。

2 要支援1～2の認定者へのサービス

平成18年4月より要支援の区分が1～2の2段階となり、
介護予防サービスが提供されています。該当する人がそれ
以上に状態が悪化しないように、生活機能の維持・向上
を図るものです。

(1)介護予防サービス

①介護予防通所リハビリテーション
②介護予防福祉用具貸与
③介護予防訪問入浴介護
④介護予防訪問看護
⑤介護予防訪問リハビリテーション
⑥介護予防居宅療養管理指導
⑦介護予防短期入所生活介護……家族の病気等で一時的
に在宅での生活が困難な場合に、短期間入所できるサー
ビスです。
⑧介護予防短期入所療養介護……上記⑦と同じ理由によ

る短期間入所サービスです。

⑨介護予防特定施設入居者生活介護

⑩特定介護予防福祉用具購入

⑪介護予防住宅改修費の補填

介護予防サービスとして要支援者が利用していた「訪問介護」や「通所介護」については、市町村が実施主体となる介護予防・日常生活支援総合事業に移行されています。かつては、サービスの種類や基準等は全国一律でしたが、同事業に移行されたことに伴い、市町村が主体となって地域の実情に応じ、サービスの種類・基準・単価等を定めることになっています。

(2)地域密着型介護予防サービス

地域の実情に応じた柔軟なサービスが提供できるよう、市区町村長が事業者を指定する地域密着型の予防サービスです。

①介護予防認知症対応型通所介護……認知症の人に対して、通所による適切なケアを行います。

②介護予防小規模多機能型居宅介護……通所でのサービスを主体に、適宜、訪問や泊りのサービスを組み合わせて行います。

③介護予防認知症対応型共同生活介護(グループホーム)……認知症の人に対して、共同生活をしながら、介護予防を目的としたサービスを行います(要支援2の人に限定して行います)。

❸ 要介護や要支援認定を受けていない人へのサービス

要介護、要支援認定者以外の人に対しても、地域支援事業による介護予防のためのサービスが提供されます。

⑴介護予防特定高齢者施策

　介護や支援が必要になる可能性の高い人に対する事業で、「地域包括支援センター」（⇨P.231）が中心となって、65歳以上の高齢者の中から、生活機能が低下し介護が必要になる可能性の高い人の状況を確認し、介護予防事業を実施します。

　①転倒骨折予防教室……転倒による骨折防止のため、ストレッチ、有酸素運動、簡易な器具を用いた運動等を実施します。

　②口腔ケア・栄養改善教室

　③介護予防体操教室……筋力低下が著しく、活動量が低下している人に対して行います。

　④認知症予防教室

　⑤訪問型介護予防事業（訪問サービス）……閉じこもり、認知症、うつ病等のおそれのある人を対象に保健師等が訪問し、相談、指導を行います。

⑵介護予防一般高齢者施策

　65歳以上の全員に対する事業で、介護予防普及啓発事業として、介護予防に対する考えや理解を深めるためのパンフレット配布、講演会開催、介護予防手帳の配布等を行い、また、地域介護予防活動支援事業として介護予防に関わる人材、ボランティア、NPOの支援・育成も実施します。

第6節　保険料

　介護保険は、介護給付にかかる費用の50%は公費で、あとの50%は被保険者が納付する保険料で賄われています。

◼ 第1号被保険者の保険料

第1号被保険者の保険料は3年に1度見直しされ(令和3〜令和5年第8期)、市区町村の保険給付に必要な費用から利用者負担や公費負担などを除いた額で、市区町村ごとの基準額(保険料収納必要額÷予定収納率÷所得段階を勘案した第1号被保険者数)に、それぞれの保険料率をかけた額となります。各市区町村の基準額は給付水準を反映したもので、高い給付水準のところは保険料も高くなります。

●保険料の徴収

第1号被保険者は、所得段階別の定額の保険料を市区町村に納めます。所得段階は、市区町村民税本人非課税の世帯を基準に、段階別(標準は9段階)に設定されています。第1号被保険者の保険料は、公的年金(老齢福祉年金を除く)から天引きで徴収(特別徴収)されるのが原則です。ただし、年金を受けていない場合や、受けていても低額の年金の場合は、市区町村が個別に徴収(普通徴収)します。

特別徴収は、公的年金の額が、その年の4月1日現在で年額18万円(月額15,000円)以上の場合に行われます。

◼ 第2号被保険者の保険料

第2号被保険者の保険料は、健康保険などの医療保険者が健康保険料と一緒に徴収し、介護納付金として社会保険診療報酬支払基金に納めます。支払基金は、集まった介護納付金をいったん全国的にプールし、その上で各市区町村に一律の基準(27%)で交付します(介護給付費交付金)。

なお、保険料率は例年3月に改定されています。

(1)第2号被保険者の介護納付金

介護納付金の額は、全国平均の第2号被保険者1人当た

りの負担額に、その医療保険に加入している第2号被保険者数をかけた額で、支払基金が算定して医療保険者に通知します。このため、医療保険者は自らの制度に属する第2号被保険者の数を毎年、支払基金に報告します。

(2)保険料の徴収

　第2号被保険者の介護保険料は、健康保険料および国民健康保険料等の医療保険料に上乗せして徴収されます。また、事業所に対する保険料の納入告知は合計で行われ、事業主は納入告知書に基づいて、対象者（介護保険の第2号被保険者である被保険者）の月給や賞与から介護保険料を控除し、健康保険料と一緒に納付します（事業主は半額負担）。

　なお、健康保険の場合は、介護保険の第2号被保険者である被扶養者が介護保険料を個別に負担する必要はありません。

❸ 保険料滞納者への給付制限

　要介護者等であっても、災害等の特別な事情がないにもかかわらず保険料を滞納している場合は、滞納期間に応じて、次のような対応がとられます。

①納期限から1年以上滞納したときは、サービス利用時に全額利用者が支払い、市区町村に申請して後日9割分払い戻しとなります。

②1年6ヵ月以上滞納したときは、保険給付の支払いの全部または一部を一時差し止められます。

③さらに滞納を続けるときは、あらかじめ本人に通知した上で、差し止められている保険給付額から滞納保険料額が控除されます。

④2年以上滞納したときは、未納期間に応じて、自己負担割合が3割に引き上げられたり、高額介護サービス

費等の支給が受けられなくなったりします。

第7節　介護給付費の審査・請求

　介護保険の給付費の請求に関する業務は、市区町村や国民健康保険組合の委託を受けた国民健康保険団体連合会（以下「国保連」という）で行います。

　国保連では、介護給付費審査委員会を設置して、介護サービス事業者や介護保険施設からの介護給付費請求書について審査・支払いを行います。

　このほか、国保連では、サービス利用者からの苦情を受けて、オンブズマン的な立場でサービスに関する指導・助言を行います。

第9章　社会保険の雑則

第1節　時効

1 消滅時効が完成する期間

　国民年金、社会保険各法および労働保険各法による各種の金銭債権は、次の区分により消滅時効が完成します。

【表1】時効消滅期間の一覧

	金銭債権の種類	時効消滅	
		2年	5年
国民年金	①保険料の徴収権	○	
	②保険料還付請求権	○	
	③年金給付の請求権		○
	④脱退一時金	○	
	⑤死亡一時金	○	
厚生年金保険	①保険料の徴収権	○	
	②保険料還付請求権	○	
	③保険給付(年金)		○
	④障害手当金		○
	⑤脱退一時金	○	
雇用保険	①保険料の徴収権	○	
	②保険料還付請求権	○	
	③失業等給付の請求権	○	
	④失業等給付の返還請求権	○	
労災保険	①療養補償給付、休業補償給付	○	
	②療養給付、休業給付	○	
	③葬祭料、葬祭給付	○	
	④介護補償給付、介護給付	○	
	⑤二次健康診断等給付	○	
	⑥障害(補償)年金		○
	⑦遺族(補償)年金		○

※労災保険、雇用保険について保険給付に係る法令上の給付額に
　変更が生じた場合の受給者の遺族に対する給付には、消滅時効

は援用しないことになります。

※年金時効特例法（平成19年施行）の制定に伴う厚生年金保険法および国民年金法の一部改正により、平成19年7月7日以降に受給権が発生した年金の支分権は5年を経過しても自動的に消滅せず、国が個別に時効を援用することによって、時効消滅します。5年以上前の給付を受ける権利について、次に該当する場合には、国は時効を援用しません。

- 年金記録の訂正がなされた上で裁定（裁定の訂正を含む）が行われたもの
- 時効援用しない事務処理誤りと認定されたもの

2 時効の更新

　保険料その他の徴収金は、納入の告知および督促により更新します。

第2節　死亡の推定および権利継承

1 死亡の推定

　被保険者が航空機事故等で行方不明の場合、健康保険法では特に規定がないため、民法や戸籍法の規定により死亡を認定された場合にのみ死亡とみなされます。

　なお、公的年金各法や労災保険法、船員保険法では、被保険者等が航空機または船舶の墜落、沈没、転覆、滅失または行方不明により生死が3ヵ月間明らかでないときは、それぞれの事由に該当した日に死亡したものと推定し、給付を行うことになっています。

2 被保険者等が保険給付を受けずに死亡した場合

　健康保険の保険給付を受ける権利を有したまま、被保険者または被保険者であった人が死亡した場合、特に規定が

ないため、民法の規定により相続人に支給されることになります。

また、公的年金各法、労災保険法および船員保険法では、未支給の保険給付として生計同一関係のあった遺族※に支給されることになっています。

なお、労災保険では、未支給権利者が死亡した場合、労災保険法に特に規定がないため、民法の規定により、未支給権利者の相続人に支給されることになります。

※平成26年4月から、公的年金の未支給年金を請求できる遺族の範囲が拡大され、これまでの「生計を同じくする2親等内の血族」から「生計を同じくする3親等内の親族」となっています（平成26年4月1日以後の死亡が対象）。
具体的には、死亡した受給権者と生計を同じくしていた配偶者、子、父母、孫、祖父母、兄弟姉妹、それ以外の3親等内の親族の順となっています。

第3節　第三者行為による保険事故

保険者は、保険事故が第三者の行為によって生じた場合でも保険給付を行います。ただし、保険者は、保険給付をした価格の限度内で、保険給付を受けた人が第三者に対して有する損害賠償請求権を代位取得します。

【図】自動車事故による賠償請求

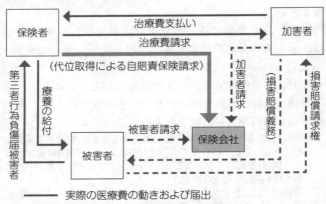

───── 実際の医療費の動きおよび届出
━━━━━ 代位取得による保険会社への損害賠償請求
╌╌╌╌╌ 潜在的な損害賠償請求権および保険会社への請求権

　自動車事故等の第三者の行為による傷病により保険給付を行った場合、保険者は、保険給付を行うつど、保険給付額を限度として被保険者(被害者)が持っている損害賠償請求権を代位取得します。これによって、保険者は被保険者(被害者)に代わって加害者(保険会社)に保険給付に要した費用を請求します。なお、被害者の過失分は相殺されます。

第4節　不正利得の徴収等

　①保険者は、詐欺その他不正の行為により保険給付を受けた人から、その保険給付に要した費用の全部または一部を徴収することができます。
　②①による保険給付が、事業主の虚偽の報告、届出もしくは証明により、または保険医療機関の虚偽の証明により行われたものであるときは、保険者はその事業主

または保険医療機関に対して保険給付を受けた人と連
帯して①の徴収金の納付を命ずることができます。

第5節　文書の提出および診療録の提示等

　健康保険の保険者は、保険給付に関して必要があると認
めるときは、保険給付を受ける人(被保険者および被扶養者を
含む)に対して、文書その他の物件の提出もしくは提示を
命じ、または当該職員に質問もしくは診断をさせることが
できます。

●診療録の提示等

　厚生労働大臣は、保険給付を行う場合で必要があると認
めるときは、医師、歯科医師、薬剤師もしくは手当を行っ
た人、またはこれを使用する人に対し、その行った診療、
薬剤の支給または手当に関し、報告もしくは診療録(カル
テ)、帳簿書類その他の物件の提示を命じ、または当該職
員に質問させることができます。

第6節　受給権者の保護

　社会保険各法、雇用保険法、労災保険法並びに船員保険
法から保険給付を受ける権利は、これを譲渡し、または差
し押さえることができません。

　※健康保険では、いかなる保険給付費についても、これを譲渡し、
　　または差し押さえることができませんが、老齢厚生年金および
　　脱退手当金は国税滞納処分(その例による処分を含む)に限り差
　　し押さえができます。

第7節　租税その他公課の非課税

　社会保険各法、雇用保険法、労災保険法並びに船員保険法から保険給付として支給される金銭には、租税その他の公課が課せられることはありません。ただし、老齢・退職を支給事由とする給付は雑所得とされます。

第8節　保険給付の制限

　社会保険各法、労災保険法並びに船員保険法においては、保険関係が侵害されるおそれがあるときは、一定の条件のもとに保険給付を受ける権利が制限されることがあります。

1 故意の犯罪による保険事故

①健康保険（船員保険）の被保険者または被保険者だった人が、自己の故意の犯罪行為により、または故意に給付事由を発生させたときは、療養の給付、療養費、家族療養費、傷病手当金等は支給されません。また、労災保険法および船員保険法においては、故意に負傷、疾病、障害もしくは死亡またはその直接の原因となった事故を引き起こしたときは、保険給付を行わないことになっています。

②健康保険や船員保険の被扶養者が、故意に給付事由を発生させた場合も同様です。

※健康保険や船員保険の被保険者または被保険者だった人を故意に死亡させた場合、死亡させた人が受けるべき埋葬料は、法に定めがないものの公序良俗に反するため、給付されないのが通例です。

② 被保険者の闘争・泥酔および不行跡による保険事故

　健康保険や船員保険の被保険者が闘争・泥酔および不行跡により給付事由を生じさせたときは、療養の給付、療養費、家族療養費、傷病手当金等の一部を支給しないことができます。

③ 少年院等に収容された場合

　健康保険や船員保険の被保険者または被保険者だった人、もしくは被扶養者が次のいずれかに該当したときは、その期間、療養の給付、療養費、家族療養費、傷病手当金、出産に関する給付は行われません。
　理由は、当該施設が保険給付と同等の医療を行い保険医療の必要がないためです。
　①少年院、教護院に収容されたとき
　②監獄、留置場、矯正院に拘禁、または留置されたとき
　　ただし、被保険者または被保険者であった人が、①または②に該当していても、被扶養者の給付については制限がありません。
　具体的には、仮に被保険者(夫)が交通刑務所に服役中であっても、被扶養者である妻の健康保険給付は、制限を受けないことになります。

④ 正当な理由なく療養に関する指示に不服従の場合

　保険者は、被保険者または被保険者だった人が、正当な理由なしに療養に関する指示に従わないときは、療養の給付、療養費、家族療養費、傷病手当金等の一部を支給しないことができます。
　また、労災保険法においても療養の指示に従わないこと

により、障害が悪化したような場合、保険者は、保険給付の全部または一部を行わないことができます。

5 詐欺の場合

　詐欺または不正行為によって給付を受け、または受けようとした場合には、6ヵ月の範囲内で傷病手当金、出産手当金の全部または一部を支給しないことができます。

　ただし、偽りその他不正行為があった日から1年を経過したときは、制限を課しません。

6 書類不提出等の場合

　保険者は、保険給付を受ける人が正当な理由なしに、健康保険法第59条の規定による命令(保険者が必要と認めた文書の提出または提示、質問、診断)または答弁もしくは受診を拒否したときには、療養の給付、療養費、家族療養費、傷病手当金等の全部または一部を支給しないことができます。

　※保険給付の制限をするか否か、または全部の制限とするか一部の制限とするかは、保険者の裁量とされています。
　たとえば、飲酒運転が原因で事故を引き起こし、負傷を負った場合の傷病手当金の支給について全部不支給と決定され、保険者の決定に不服がある場合は、社会保険審査官に不服を申し立てることにより、保険者の裁量が適正か否か、社会保険審査官が判断することになります。
　なお、労災保険法による保険給付は、労働者災害補償保険審査官が判断します。

第9節 他の法令により給付を受けられる場合の健康保険等の支給調整

1 労働者災害補償保険制度との調整

労働者災害補償保険制度（労災保険）または公務災害補償制度から保険給付と同一支給事由となる傷病に基づき、給付がされるときは、健康保険からは保険給付をしないことになっています。

2 介護保険制度との調整

介護保険制度から保険給付と同一支給事由となる傷病に基づき、給付されるときは、健康保険からは保険給付をしないことになっています。

3 公費負担医療を受けられる場合

他の法令により、国または地方公共団体の負担で療養を受けることができるとき、または療養を受けたときは、その限度で健康保険および船員保険（職務外）の療養の給付は受けられません。

第10節 審査請求

1 社会保険

国民年金（厚生年金）や健康保険（船員保険）は強制保険であり、被保険者資格の得喪があった場合、これを保険者が確認することにより効力が生じることになっています。

標準報酬等級の決定、または保険給付の支給決定についても保険者に委ねられており、また保険料についても保険

者がその額を決定告知し、徴収し、場合によっては強制徴収も行います。

このようなことから、資格の得喪、標準報酬、保険給付、保険料の賦課・徴収等について被保険者および事業主その他関係者において、権利の侵害等についての争いが生じることが予想されます。

このような場合の権利の救済手段として裁判制度がありますが、これは長期にわたることと、多額の費用を要すること等によって実効を期することが困難となるので、より簡易迅速に社会保障を受ける権利の救済を図るため、審査制度が設けられています。

審査機関として、社会保険審査官および社会保険審査会法に基づき、地方厚生局ごとに厚生労働大臣が任命する社会保険審査官、厚生労働省内には社会保険審査会が設置されています。

2 労働保険

労働保険(雇用保険および労災保険)にも、社会保険と同じ趣旨で、審査機関があります。都道府県労働局ごとに厚生労働大臣が任命する雇用保険審査官および労働者災害補償保険審査官、厚生労働省内には、労働保険審査会が設置されています。

■本部	〒168-8505	杉並区高井戸西3-5-24	03-5344-1100
■北海道			
札幌東	〒003-8530	札幌市白石区菊水1-3-1-1	011-832-0830
札幌西	〒060-8585	札幌市中央区北3条西11-2-1	011-271-1051
札幌北	〒001-8585	札幌市北区北24条西6-2-12	011-717-8917
新さっぽろ	〒004-8558	札幌市厚別区厚別中央2条6-4-30	011-892-1631
函館	〒040-8555	函館市千代台町26-3	0138-82-8000
旭川	〒070-8505	旭川市宮下通2-1954-2	0166-25-5606
釧路	〒085-8502	釧路市栄町9-9-2	0154-61-6002
室蘭	〒051-8585	室蘭市海岸町1-20-9	0143-50-1002
苫小牧	〒053-8588	苫小牧市若草町2-1-14	0144-56-9003
岩見沢	〒068-8585	岩見沢市九条西3	0126-38-8002
小樽	〒047-8666	小樽市富岡1-9-6	0134-65-5004
北見	〒090-8585	北見市高砂町2-21	0157-25-8703
帯広	〒080-8558	帯広市西1条南1	0155-65-5003
稚内	〒097-8510	稚内市末広4-1-28	0162-74-1003
砂川	〒073-0192	砂川市西4条北5-1-1	0125-28-9000
留萌	〒077-8533	留萌市大町3	0164-43-7211
■青森県			
青森	〒030-8554	青森市中央1-22-8　日進青森ビル	017-734-7495
むつ	〒035-0071	むつ市小川町2-7-30	0175-22-4947
八戸	〒031-8567	八戸市城下4-10-20	0178-44-1742
弘前	〒036-8538	弘前市外崎5-2-6	0172-27-1339
■岩手県			
盛岡	〒020-8511	盛岡市松尾町17-13	019-623-6211
花巻	〒025-8503	花巻市材木町8-8	0198-23-3351
二戸	〒028-6196	二戸市福岡字川又18-16	0195-23-4111
一関	〒021-8502	一関市五代町8-23	0191-23-4246
宮古	〒027-8503	宮古市太田1-7-12	0193-62-1963
■宮城県			
仙台東	〒983-8558	仙台市宮城野区宮城野3-4-1	022-257-6111
仙台南	〒982-8531	仙台市太白区長町南1-3-1	022-246-5111
大河原	〒989-1245	柴田郡大河原町字新南18-3	0224-51-3111

年金機構

仙台北	〒980-8421	仙台市青葉区宮町4-3-21	022-224-0891
石巻	〒986-8511	石巻市中里4-7-31	0225-22-5115
古川	〒989-6195	大崎市古川駅南2-4-2	0229-23-1200

■秋田県

秋田	〒010-8565	秋田市保戸野鉄砲町5-20	018-865-2392
鷹巣	〒018-3312	北秋田市花園町18-1	0186-62-1490
大曲	〒014-0027	大仙市大曲通町6-26	0187-63-2296
本荘	〒015-8505	由利本荘市表尾崎町21-2	0184-24-1111

■山形県

山形	〒990-9515	山形市あかねヶ丘1-10-1	023-645-5111
寒河江	〒991-0003	寒河江市大字西根字石川西345-1	0237-84-2551
新庄	〒996-0001	新庄市五日町字宮内225-2	0233-22-2050
鶴岡	〒997-8501	鶴岡市錦町21-12	0235-23-5040
米沢	〒992-8511	米沢市金池5-4-8	0238-22-4220

■福島県

東北福島	〒960-8567	福島市北五老内町3-30	024-535-0141
平	〒970-8501	いわき市平字童子町3-21	0246-23-5611
相馬	〒976-8510	相馬市中村字桜ヶ丘69	0244-36-5172
郡山	〒963-8545	郡山市桑野1-3-7	024-932-3434
白河	〒961-8533	白河市郭内115-3	0248-27-4161
会津若松	〒965-8516	会津若松市追手町5-16	0242-27-5321

■茨城県

水戸南	〒310-0817	水戸市柳町2-5-17	029-227-3278
水戸北	〒310-0062	水戸市大町2-3-32	029-231-2283
土浦	〒300-0812	土浦市下高津2-7-29	029-825-1170
下館	〒308-8520	筑西市菅谷1720	0296-25-0829
日立	〒317-0073	日立市幸町2-10-22	0294-24-2194

■栃木県

宇都宮東	〒321-8501	宇都宮市元今泉6-6-13	028-683-3211
宇都宮西	〒320-8555	宇都宮市下戸祭2-10-20	028-622-4281
大田原	〒324-8540	大田原市本町1-2695-22	0287-22-6311
栃木	〒328-8533	栃木市城内町1-2-12	0282-22-4131
今市	〒321-1293	日光市中央町17-3	0288-88-0082

■群馬県

前橋	〒371-0033	前橋市国領町2-19-12	027-231-1719
桐生	〒376-0023	桐生市錦町2-11-19	0277-44-2311
高崎	〒370-8567	高崎市栄町10-1	027-322-4299
渋川	〒377-8588	渋川市石原143-7	0279-22-1614
太田	〒373-8642	太田市小舞木町262	0276-49-3716

■埼玉県

浦和	〒330-8580	さいたま市浦和区北浦和5-5-1	048-831-1638
浦和川口分室	〒332-0012	川口市本町4-1-8　川口センタービル13階	048-227-2362
大宮	〒331-9577	さいたま市北区宮原町4-19-9	048-652-3399
熊谷	〒360-8585	熊谷市桜町1-93	048-522-5012
川越	〒350-1196	川越市脇田本町8-1　U_PLACE5F	049-242-2657
所沢	〒359-8505	所沢市上安松1152-1	04-2998-0170
春日部	〒344-8561	春日部市中央1-52-1　春日部セントラルビル4・6F	048-737-7112
越谷	〒343-8585	越谷市弥生町16-1　越谷ツインシティBシティ3F	048-960-1190
秩父	〒368-8585	秩父市上野町13-28	0494-27-6560
加須分室	〒347-0009	加須市三俣2-1-1　加須市役所2F	0480-62-8061

■新潟県

新潟東	〒950-8552	新潟市中央区新光町1-16	025-283-1013
新潟西	〒951-8558	新潟市中央区西大畑町5191-15	025-225-3008
長岡	〒940-8540	長岡市台町2-9-17	0258-88-0006
上越	〒943-8534	上越市西城町3-11-19	025-524-4113
柏崎	〒945-8534	柏崎市幸町3-28	0257-38-0568
三条	〒955-8575	三条市興野3-2-3	0256-32-2820
新発田	〒957-8540	新発田市新富町1-1-24	0254-23-2128
六日町	〒949-6692	南魚沼市六日町字北沖93-17	025-716-0008

■長野県

長野南	〒380-8677	長野市岡田町126-10	026-227-1284
長野北	〒381-8558	長野市吉田3-6-15	026-244-4100
岡谷	〒394-8665	岡谷市中央町1-8-7	0266-23-3661
伊那	〒396-8601	伊那市山寺1499-3	0265-76-2301

飯田	〒395-8655	飯田市宮の前4381-3	0265-22-3641
松本	〒390-8702	松本市鎌田2-8-37	0263-25-8100
小諸	〒384-8605	小諸市田町2-3-5	0267-22-1080

■千葉県

千葉	〒260-8503	千葉市中央区中央港1-17-1	043-242-6320
千葉茂原分室	〒297-0023	茂原市千代田町1-6　茂原サンヴェルプラザ1F	0475-23-2530
幕張	〒262-8501	千葉市花見川区幕張本郷1-4-20	043-212-8621
船橋	〒273-8577	船橋市市場4-16-1	047-424-8811
市川	〒272-8577	市川市市川1-3-18　京成市川ビル3F（市川グランドホテル同ビル）	047-704-1177
松戸	〒270-8577	松戸市新松戸1-335-2	047-345-5517
木更津	〒292-8530	木更津市新田3-4-31	0438-23-7616
佐原	〒287-8585	香取市佐原ロ2116-1	0478-54-1442
佐原成田分室	〒286-0033	成田市花崎町828-11　スカイタウン成田2F	0476-24-5715

■東京都

千代田	〒102-8337	千代田区三番町22	03-3265-4381
中央	〒104-8175	中央区明石町8-1　聖路加タワー1F・16F	03-3543-1411
港	〒105-8513	港区浜松町1-10-14　住友東新橋ビル3号館1～3F	03-5401-3211
新宿	〒160-8601	新宿区新宿5-9-2　ヒューリック新宿5丁目ビル(3～8F)	03-3354-5048
杉並	〒166-8550	杉並区高円寺南2-54-9	03-3312-1511
中野	〒164-8656	中野区中野2-4-25	03-3380-6111
上野	〒110-8660	台東区池之端1-2-18　NDK池之端ビル	03-3824-2511
文京	〒112-8617	文京区千石1-6-15	03-3945-1141
墨田	〒130-8586	墨田区立川3-8-12	03-3631-3111
江東	〒136-8525	江東区亀戸5-16-9	03-3683-1231
江戸川	〒132-8502	江戸川区中央3-4-24	03-3652-5106
品川	〒141-8572	品川区大崎5-1-5　高徳ビル2F	03-3494-7831
大田	〒144-8530	大田区南蒲田2-16-1　テクノポートカマタセンタービル3F	03-3733-4141

渋谷	〒150-8334	渋谷区神南1-12-1	03-3462-1241
目黒	〒153-8905	目黒区上目黒1-12-4	03-3770-6421
世田谷	〒154-8512	世田谷区世田谷1-30-12	03-6844-3871
世田谷三軒茶屋	〒154-0004	世田谷区太子堂4-1-1　キャロットタワー13F	03-6805-6367
池袋	〒171-8567	豊島区南池袋1-10-13　荒井ビル3・4F	03-3988-6011
北	〒114-8567	北区上十条1-1-10	03-3905-1011
板橋	〒173-8608	板橋区板橋1-47-4	03-3962-1481
練馬	〒177-8510	練馬区石神井町4-27-37	03-3904-5491
足立	〒120-8580	足立区綾瀬2-17-9	03-3604-0111
荒川	〒116-8904	荒川区東尾久5-11-6	03-3800-9151
葛飾	〒124-8512	葛飾区立石3-7-3	03-3695-2181
立川	〒190-8580	立川市錦町2-12-10	042-523-0352
青梅	〒198-8525	青梅市新町3-3-1　宇源ビル3・4F	0428-30-3410
八王子	〒192-8506	八王子市南新町4-1	042-626-3511
武蔵野	〒180-8621	武蔵野市吉祥寺北町4-12-18	0422-56-1411
府中	〒183-8505	府中市府中町2-12-2	042-361-1011
■神奈川県			
鶴見	〒230-8555	横浜市鶴見区鶴見中央4-33-5　TG鶴見ビル2・4F	045-521-2641
港北	〒222-8555	横浜市港北区大豆戸町515	045-546-8888
港北青葉台分室	〒227-0055	横浜市青葉区つつじが丘36-10　第8進栄ビル1F	045-981-8211
横浜中	〒231-0012	横浜市中区相生町2-28	045-641-7501
横浜西	〒244-8580	横浜市戸塚区川上町87-1　ウエルストン1ビル2F	045-820-6655
横浜南	〒232-8585	横浜市南区宿町2-51	045-742-5511
川崎	〒210-8510	川崎市川崎区宮前町12-17	044-233-0181
高津	〒213-8567	川崎市高津区久本1-3-2	044-888-0111
平塚	〒254-8563	平塚市八重咲町8-2	0463-22-1515
厚木	〒243-8688	厚木市栄町1-10-3	046-223-7171
相模原	〒252-0388	相模原市南区相模大野6-6-6	042-745-8101
相模原中央分室	〒252-0231	相模原市中央区相模原6-22-9　朝日相模原ビル1F	042-851-4931

小田原	〒250-8585	小田原市浜町1-1-47	0465-22-1391
横須賀	〒238-8555	横須賀市米が浜通1-4　Flos横須賀	046-827-1251
藤沢	〒251-8586	藤沢市藤沢1018	0466-50-1151

■山梨県

甲府	〒400-8565	甲府市塩部1-3-12	055-252-1431
竜王	〒400-0195	甲斐市名取347-3	055-278-1100
大月	〒401-8501	大月市大月町花咲1602-1	0554-22-3811

■富山県

富山	〒930-8571	富山市牛島新町7-1	076-441-3926
高岡	〒933-8585	高岡市中川園町11-20	0766-21-4180
魚津	〒937-8503	魚津市本江1683-7	0765-24-5153
砺波	〒939-1397	砺波市豊町2-2-12	0763-33-1725

■石川県

金沢南	〒921-8516	金沢市泉が丘2-1-18	076-245-2311
金沢北	〒920-8691	金沢市三社町1-43	076-233-2021
小松	〒923-8585	小松市小馬出町3-1	0761-24-1791
七尾	〒926-8511	七尾市藤橋町西部22-3	0767-53-6511

■岐阜県

岐阜南	〒500-8381	岐阜市市橋2-1-15	058-273-6161
岐阜北	〒502-8502	岐阜市大福町3-10-1	058-294-6364
多治見	〒507-8709	多治見市小田町4-8-3	0572-22-0255
大垣	〒503-8555	大垣市八島町114-2	0584-78-5166
美濃加茂	〒505-8601	美濃加茂市太田町2910-9	0574-25-8181
高山	〒506-8501	高山市花岡町3-6-12	0577-32-6111

■静岡県

静岡	〒422-8668	静岡市駿河区中田2-7-5	054-203-3707
清水	〒424-8691	静岡市清水区巴町4-1	054-353-2233
浜松東	〒435-0013	浜松市東区天龍川町188	053-421-0192
浜松西	〒432-8015	浜松市中区高町302-1	053-456-8511
沼津	〒410-0032	沼津市日の出町1-40	055-921-2201
三島	〒411-8660	三島市寿町9-44	055-973-1166
島田	〒427-8666	島田市柳町1-1	0547-36-2211
掛川	〒436-8653	掛川市久保1-19-8	0537-21-5524

| 富士 | 〒416-8654 | 富士市横割3-5-33 | 0545-61-1900 |

■愛知県

大曽根	〒461-8685	名古屋市東区東大曽根町28-1	052-935-3344
中村	〒453-8653	名古屋市中村区太閤1-19-46	052-453-7200
鶴舞	〒460-0014	名古屋市中区富士見町2-13	052-323-2553
熱田	〒456-8567	名古屋市熱田区伝馬2-3-19	052-671-7263
笠寺	〒457-8605	名古屋市南区柵下町3-21	052-822-2512
昭和	〒466-8567	名古屋市昭和区桜山町5-99-6　桜山駅前ビル	052-853-1463
名古屋西	〒451-8558	名古屋市西区城西1-6-16	052-524-6855
名古屋北	〒462-8666	名古屋市北区清水5-6-25	052-912-1213
豊橋	〒441-8603	豊橋市菰口町3-96	0532-33-4111
岡崎	〒444-8607	岡崎市朝日町3-9	0564-23-2637
一宮	〒491-8503	一宮市新生4-7-13	0586-45-1418
瀬戸	〒489-8790	瀬戸市共栄通4-6	0561-83-2412
半田	〒475-8601	半田市西新町1-1	0569-21-2375
豊川	〒442-8605	豊川市金屋町32	0533-89-4042
刈谷	〒448-8662	刈谷市寿町1-401	0566-21-2110
豊田	〒471-8602	豊田市神明町3-33-2	0565-33-1123

■三重県

津	〒514-8522	津市桜橋3-446-33	059-228-9112
四日市	〒510-8543	四日市市十七軒町17-23	059-353-5515
松阪	〒515-8973	松阪市宮町17-3	0598-51-5115
伊勢	〒516-8522	伊勢市宮後3-5-33	0596-27-3601
尾鷲	〒519-3692	尾鷲市林町2-23	0597-22-2340

■福井県

福井	〒910-8506	福井市手寄2-1-34	0776-23-4518
武生	〒915-0883	越前市新町5-2-11	0778-23-1126
敦賀	〒914-8580	敦賀市東洋町5-54	0770-23-9904

■滋賀県

大津	〒520-0806	大津市打出浜13-5	077-521-1126
草津	〒525-0025	草津市西渋川1-16-35	077-567-2220
彦根	〒522-8540	彦根市外町169-6	0749-23-1112

年金機構

■京都府

上京	〒603-8522	京都市北区小山西花池町1-1　サンシャインビル2・3F	075-415-1165
舞鶴	〒624-8555	舞鶴市南田辺50-8	0773-78-1165
中京	〒604-0902	京都市中京区土手町通竹屋町下ル鉾田町287	075-251-1165
下京	〒600-8154	京都市下京区間之町通下珠数屋町上ル榎木町308	075-341-1165
京都南	〒612-8558	京都市伏見区竹田七瀬川町8-1	075-644-1165
京都西	〒615-8511	京都市右京区西京極南大入町81	075-323-1170

■大阪府

天満	〒530-0041	大阪市北区天神橋4-1-15	06-6356-5511
福島	〒553-8585	大阪市福島区福島8-12-6	06-6458-1855
大手前	〒541-0053	大阪市中央区本町4-3-9　本町サンケイビル10・11F	06-6271-7301
堀江	〒550-0014	大阪市西区北堀江3-10-1	06-6531-5241
市岡	〒552-0003	大阪市港区磯路3-25-17	06-6571-5031
天王寺	〒543-8588	大阪市天王寺区悲田院町7-6	06-6772-7531
平野	〒547-8588	大阪市平野区喜連西6-2-78	06-6705-0331
難波	〒556-8585	大阪市浪速区敷津東1-6-16	06-6633-1231
玉出	〒559-8560	大阪市住之江区新北島1-2-1　オスカードリーム4F	06-6682-3311
淀川	〒532-8540	大阪市淀川区西中島4-1-1　日清食品ビル2・3F	06-6305-1881
今里	〒537-0014	大阪市東成区大今里西2-1-8	06-6972-0161
城東	〒536-8511	大阪市城東区中央1-8-19	06-6932-1161
貝塚	〒597-8686	貝塚市海塚305-1	072-431-1122
堺東	〒590-0078	堺市堺区南瓦町2-23	072-238-5101
堺西	〒592-8333	堺市西区浜寺石津町西4-2-18	072-243-7900
東大阪	〒577-8554	東大阪市永和1-15-14	06-6722-6001
八尾	〒581-8501	八尾市桜ヶ丘1-65	072-996-7711
吹田	〒564-8564	吹田市片山町2-1-18	06-6821-2401
豊中	〒560-8560	豊中市岡上の町4-3-40	06-6848-6831
守口	〒570-0028	守口市京阪本通2-5-5　守口市役所内7F	06-6992-3031
枚方	〒573-1191	枚方市新町2-2-8	072-846-5011

■兵庫県

三宮	〒650-0033	神戸市中央区江戸町93　栄光ビル3・4F	078-332-5793
須磨	〒654-0047	神戸市須磨区磯馴町4-2-12	078-731-4797
東灘	〒658-0053	神戸市東灘区住吉宮町1-11-17	078-811-8475
兵庫	〒652-0898	神戸市兵庫区駅前通1-3-1	078-577-0294
姫路	〒670-0947	姫路市北条1-250	079-224-6382
尼崎	〒660-0892	尼崎市東難波町2-17-55	06-6482-4591
明石	〒673-8512	明石市鷹匠町12-12	078-912-4983
西宮	〒663-8567	西宮市津門大塚町8-26	0798-33-2944
豊岡	〒668-0021	豊岡市泉町4-20	0796-22-0948
加古川	〒675-0031	加古川市加古川町北在家2602	079-427-4740

■奈良県

奈良	〒630-8512	奈良市芝辻町4-9-4	0742-35-1371
大和高田	〒635-8531	大和高田市幸町5-11	0745-22-3531
桜井	〒633-8501	桜井市大字谷88-1	0744-42-0033

■和歌山県

和歌山東	〒640-8541	和歌山市太田3-3-9	073-474-1841
和歌山西	〒641-0035	和歌山市関戸2-1-43	073-447-1660
田辺	〒646-8555	田辺市朝日ヶ丘24-8	0739-24-0432
田辺新宮分室	〒647-0016	新宮市谷王子町456-1　亀屋ビル1F	0735-22-8441

■鳥取県

鳥取	〒680-0846	鳥取市扇町176	0857-27-8311
倉吉	〒682-0023	倉吉市山根619-1	0858-26-5311
米子	〒683-0805	米子市西福原2-1-34	0859-34-6111

■島根県

松江	〒690-8511	松江市東朝日町107	0852-23-9540
出雲	〒693-0021	出雲市塩冶町1516-2	0853-24-0045
浜田	〒697-0017	浜田市原井町908-26	0855-22-0670

■岡山県

岡山東	〒703-8533	岡山市中区国富228	086-270-7925
岡山西	〒700-8572	岡山市北区昭和町12-7	086-214-2163
倉敷東	〒710-8567	倉敷市老松町3-14-22	086-423-6150

年金機構

倉敷西	〒713-8555	倉敷市玉島1952-1	086-523-6395
津山	〒708-8504	津山市田町112-5	0868-31-2360
高梁	〒716-8668	高梁市旭町1393-5	0866-21-0570

■広島県

広島東	〒730-8515	広島市中区基町1-27	082-228-3131
広島西	〒733-0833	広島市西区商工センター 2-6-1 NTTコムウェア広島ビル1F	082-535-1505
広島南	〒734-0007	広島市南区皆実町1-4-35	082-253-7710
福山	〒720-8533	福山市旭町1-6	084-924-2181
呉	〒737-8511	呉市宝町2-11	0823-22-1691
呉東広島分室	〒739-0015	東広島市西条栄町10-27　栄町ビル1F	082-493-6301
三原	〒723-8510	三原市円一町2-4-2	0848-63-4111
三次	〒728-8555	三次市十日市東3-16-8	0824-62-3107
備後府中	〒726-0005	府中市府中町736-2	0847-41-7421

■山口県

山口	〒753-8651	山口市吉敷下東1-8-8	083-922-5660
下関	〒750-8607	下関市上新地町3-4-5	083-222-5587
徳山	〒745-8666	周南市新宿通5-1-8	0834-31-2152
宇部	〒755-0027	宇部市港町1-3-7	0836-33-7111
岩国	〒740-8686	岩国市立石町1-8-7	0827-24-2222
萩	〒758-8570	萩市江向323-1	0838-24-2158

■徳島県

徳島南	〒770-8054	徳島市山城西4-45	088-652-1511
徳島北	〒770-8522	徳島市佐古三番町12-8	088-655-0200
阿波半田	〒779-4193	美馬郡つるぎ町貞光宇馬出50-2	0883-62-5350

■香川県

高松東	〒760-8543	高松市塩上町3-11-1	087-861-3866
高松西	〒760-8553	高松市錦町2-3-3	087-822-2840
善通寺	〒765-8601	善通寺市文京町2-9-1	0877-62-1662

■愛媛県

松山東	〒790-0952	松山市朝生田町1-1-23	089-946-2146
松山西	〒790-8512	松山市南江戸3-4-8	089-925-5105
新居浜	〒792-8686	新居浜市庄内町1-9-7	0897-35-1300

| 今治 | 〒794-8515 | 今治市別宮町6-4-5 | 0898-32-6141 |
| 宇和島 | 〒798-8603 | 宇和島市天神町4-43 | 0895-22-5440 |

■高知県

高知東	〒781-9556	高知市桟橋通4-13-3	088-831-4430
高知西	〒780-8530	高知市旭町3-70-1	088-875-1717
南国	〒783-8507	南国市大そね甲1214-6	088-864-1111
幡多	〒787-0023	四万十市中村東町2-4-10	0880-34-1616

■福岡県

東福岡	〒812-8657	福岡市東区馬出3-12-32	092-651-7967
博多	〒812-8540	福岡市博多区博多駅東3-14-1	092-474-0012
中福岡	〒810-8668	福岡市中央区大手門2-8-25	092-751-1232
西福岡	〒819-8502	福岡市西区内浜1-3-7	092-883-9962
南福岡	〒815-8558	福岡市南区塩原3-1-27	092-552-6112
久留米	〒830-8501	久留米市諏訪野町2401	0942-33-6192
小倉南	〒800-0294	北九州市小倉南区下曽根1-8-6	093-471-8873
小倉北	〒803-8588	北九州市小倉北区大手町13-3	093-583-8340
直方	〒822-8555	直方市知古1-8-1	0949-22-0891
八幡	〒806-8555	北九州市八幡西区岸の浦1-5-5	093-631-7962
大牟田	〒836-8501	大牟田市大正町6-2-10	0944-52-5294

■佐賀県

佐賀	〒849-8503	佐賀市八丁畷町1-32	0952-31-4191
唐津	〒847-8501	唐津市千代田町2565	0955-72-5161
武雄	〒843-8588	武雄市武雄町大字昭和43-6	0954-23-0121

■長崎県

長崎南	〒850-8533	長崎市金屋町3-1	095-825-8701
長崎北	〒852-8502	長崎市稲佐町4-22	095-861-1354
佐世保	〒857-8571	佐世保市稲荷町2-37	0956-34-1189
諫早	〒854-8540	諫早市栄田町47-39	0957-25-1662

■熊本県

熊本東	〒862-0901	熊本市東区東町4-6-41	096-367-2503
熊本西	〒860-8534	熊本市中央区千葉城町2-37	096-353-0142
八代	〒866-8503	八代市萩原町2-11-41	0965-35-6123
本渡	〒863-0033	天草市東町2-21	0969-24-2112

年金機構

| 玉名 | 〒865-8585 | 玉名市松木11-4 | 0968-74-1612 |

■大分県

大分	〒870-0997	大分市東津留2-18-15	097-552-1211
日田	〒877-8585	日田市淡窓1-2-75	0973-22-6174
別府	〒874-8555	別府市西野口町2-41	0977-22-5111
佐伯	〒876-0823	佐伯市女島字源六分9029-5	0972-22-1970

■宮崎県

宮崎	〒880-8588	宮崎市天満2-4-23	0985-52-2111
高鍋	〒884-0004	児湯郡高鍋町大字蚊口浦5105-1	0983-23-5111
延岡	〒882-8503	延岡市大貫町1-2978-2	0982-21-5424
都城	〒885-8501	都城市一万城町71-1	0986-23-2571

■鹿児島県

鹿児島南	〒890-8533	鹿児島市鴨池新町5-25	099-251-3111
鹿児島北	〒892-8577	鹿児島市住吉町6-8	099-225-5311
川内	〒895-0012	薩摩川内市平佐町2223	0996-22-5276
加治木	〒899-5292	姶良市加治木町諏訪町113	0995-62-3511
鹿屋	〒893-0014	鹿屋市寿3-8-19	0994-42-5121
奄美大島	〒894-0035	奄美市名瀬塩浜町3-1	0997-52-4341

■沖縄県

那覇	〒900-0025	那覇市壺川2-3-9	098-855-1111
浦添	〒901-2121	浦添市内間3-3-25	098-877-0343
コザ	〒904-0021	沖縄市胡屋2-2-52	098-933-2267
名護	〒905-0021	名護市東江1-9-19	0980-52-2522
平良	〒906-0013	宮古島市平良字下里791	0980-72-3650
石垣	〒907-0004	石垣市登野城55-3	0980-82-9211

■北海道

| 札幌駅前 | 〒060-0001 | 札幌市中央区北1条西2-1　札幌時計台ビル4F | 011-221-2250 |
| 麻生 | 〒001-0038 | 札幌市北区北38条西4-1-8 | 011-708-7087 |

■青森県

| 青森 | 〒030-0802 | 青森市本町1-3-9　ニッセイ青森本町ビル10F | 017-752-6600 |

■岩手県

| 盛岡 | 〒020-0022 | 盛岡市大通3-3-10　七十七日生盛岡ビル4F | 019-613-3270 |

■宮城県

| 仙台 | 〒980-0803 | 仙台市青葉区国分町3-6-1　仙台パークビル2F | 022-262-5527 |

■秋田県

| 秋田 | 〒010-8506 | 秋田市東通仲町4-1　秋田拠点センターALVE2F | 018-893-6491 |

■山形県

| 酒田 | 〒998-0044 | 酒田市中町1-13-8 | 0234-22-4554 |

■福島県

| 福島 | 〒960-8131 | 福島市北五老内町7-5　i・s・M37（イズム37）2F | 024-531-3838 |

■茨城県

| 水戸 | 〒310-0021 | 水戸市南町3-4-10　水戸FFセンタービル1F | 029-231-6541 |
| 土浦 | 〒300-0037 | 土浦市桜町1-16-12　リーガル土浦ビル3F | 029-825-2300 |

■群馬県

| 前橋 | 〒379-2147 | 前橋市亀里町1310　群馬県JAビル3F | 027-265-0023 |

■埼玉県

大宮	〒330-0854	さいたま市大宮区桜木町2-287　大宮西口大栄ビル3F	048-647-6721
草加	〒340-0022	草加市瀬崎1-9-1　谷塚コリーナ2階	048-920-7922
川越	〒350-1123	川越市脇田本町16-23　川越駅前ビル8F	049-291-2820

街角

■千葉県

千葉	〒260-0027	千葉市中央区新田町4-22　サンライトビル1F	043-241-1165
船橋	〒273-0005	船橋市本町1-3-1　フェイスビル7F	047-424-7091
柏	〒277-0005	柏市柏4-8-1　柏東口金子ビル1F	04-7160-3111
市川	〒272-0034	市川市市川1-7-6　愛愛ビル3F	047-329-3301

■東京都

新宿	〒160-0023	新宿区西新宿1-7-1　松岡セントラルビル8F	03-3343-5171
町田	〒194-0021	町田市中町1-2-4　日新町田ビル5F	042-720-2101
立川	〒190-0012	立川市曙町2-7-16　鈴春ビル6F	042-521-1652
国分寺	〒185-0021	国分寺市南町2-1-31　青木ビル2F	042-359-8451
大森	〒143-0023	大田区山王2-8-26　東辰ビル5F	03-3771-6621
八王子	〒192-0081	八王子市横山町22-1　エフ・ティービル八王子3F	042-631-5370
足立	〒120-0005	足立区綾瀬2-24-1　ロイヤルアヤセ2F	03-5650-5200
江戸川	〒132-0024	江戸川区一之江8-14-1　交通会館一之江ビル3F	03-5663-7527
練馬	〒178-0063	練馬区東大泉6-52-1	03-5947-5670
武蔵野	〒180-0006	武蔵野市中町1-6-4　三鷹山田ビル3F	0422-50-0475
江東	〒136-0071	江東区亀戸2-22-17　日本生命亀戸ビル5F	03-5628-3681

■神奈川県

横浜	〒220-0011	横浜市西区高島2-19-12　スカイビル18F	045-451-5712
戸塚	〒244-0816	横浜市戸塚区上倉田町498-11　第5吉本ビル3F	045-861-7744
新横浜	〒222-0033	横浜市港北区新横浜2-5-10　楓第2ビル3F	045-620-9741
溝ノ口	〒213-0001	川崎市高津区溝口1-3-1　ノクティプラザ1　10F	044-850-2133

相模大野	〒252-0303	相模原市南区相模大野3-8-1　小田急相模大野ステーションスクエアB館1F	042-701-8515
藤沢	〒251-0052	藤沢市藤沢496　藤沢森井ビル6F	0466-55-2280
厚木	〒243-0018	厚木市中町3-11-18　Flos厚木6F	046-297-3481

■新潟県

新潟	〒950-0087	新潟市中央区東大通2-3-26　ブレイス新潟6F	025-244-9246

■富山県

富山	〒930-0010	富山市稲荷元町2-11-1　アピアショッピングセンター2F	076-444-1165

■石川県

金沢	〒920-0804	金沢市鳴和1-17-30	076-253-2222

■福井県

福井	〒910-0858	福井市手寄1-4-1　アオッサ(AOSSA)2F	0776-26-6070

■長野県

長野	〒380-0935	長野市中御所45-1　山王ビル1F	026-226-8580
上田	〒386-0025	上田市天神一丁目8番1号　上田駅前ビルパレオ6階	0268-25-4425

■岐阜県

岐阜	〒500-8891	岐阜市香蘭2-23　オーキッドパーク西棟3F	058-254-8555

■静岡県

静岡	〒422-8067	静岡市駿河区南町18-1　サウスポット静岡2F	054-288-1611
沼津	〒410-0801	沼津市大手町3-8-23　ニッセイスタービル4F	055-954-1321
浜松	〒435-0044	浜松市東区西塚町200番地　サーラプラザ浜松5F	053-545-9961

■愛知県

名古屋	〒453-0015	名古屋市中村区椿町1-16　井門名古屋ビル2F	052-453-0061
栄	〒460-0008	名古屋市中区栄4-2-29　JRE名古屋広小路プレイス8F	052-242-2340

■三重県

| 津 | 〒514-0036 | 津市丸之内養正町4-1　森永三重ビル1F | 059-264-7700 |

■滋賀県

| 草津 | 〒525-0026 | 草津市渋川1-1-50　近鉄百貨店草津店5F | 077-564-4311 |

■京都府

| 宇治 | 〒611-0031 | 宇治市広野町西裏54-2 | 0774-43-1511 |
| 京都 | 〒615-8073 | 京都市西京区桂野里町17番地　ミュー阪急桂(EAST)5F | 075-382-2606 |

■大阪府

天王寺	〒543-0054	大阪市天王寺区南河堀町10-17　天王寺北NKビル2F	06-6779-0651
吹田	〒564-0082	吹田市片山町1-3-1　メロード吹田2番館10F	06-6369-4800
堺東	〒590-0077	堺市堺区中瓦町1-1-21　堺東八幸ビル7F	072-238-7661
枚方	〒573-0032	枚方市岡東町5-23　アーバンエース枚方ビル2F	072-843-6646
城東	〒536-0005	大阪市城東区中央1-8-24　東洋プラザ蒲生ビル1F	06-6930-5601
東大阪	〒577-0809	東大阪市永和1-18-12　NTT西日本東大阪ビル1F	06-6736-6571
豊中	〒560-0021	豊中市本町1-1-3　豊中高架下店舗南ブロック1F	06-6844-8391
なかもず	〒591-8025	堺市北区長曽根町130-23　堺商工会議所会館1F	072-258-4701

■兵庫県

北須磨	〒654-0154	神戸市須磨区中落合2-2-5　名谷センタービル7F	078-795-3455
尼崎	〒661-0012	尼崎市南塚口町2-1-2-208　塚口さんさんタウン2番館2F	06-6424-2884
姫路	〒670-0961	姫路市南畝町2-53　ネオフィス姫路南1F	079-221-5127
西宮	〒663-8035	西宮市北口町1-2　アクタ西宮東館1F	0798-61-3731

■奈良県

| 奈良 | 〒630-8115 | 奈良市大宮町4-281　新大宮センタービル1F | 0742-36-6501 |

■和歌山県

| 和歌山 | 〒640-8331 | 和歌山市美園町3-32-1　損保ジャパン和歌山ビル1F | 073-424-5603 |

■岡山県

| 岡山 | 〒700-0032 | 岡山市北区昭和町4-55 | 086-251-0052 |

■広島県

| 広島 | 〒730-0015 | 広島市中区橋本町10-10　広島インテスビル1F | 082-227-1391 |
| 福山 | 〒720-0065 | 福山市東桜町1-21　エストパルク6F | 084-926-7951 |

■山口県

| 防府 | 〒747-0035 | 防府市栄町1-5-1　ルルサス防府2F | 0835-25-7830 |

■香川県

| 高松 | 〒760-0028 | 高松市鍛冶屋町3　香川三友ビル5F | 087-811-6020 |

■徳島県

| 徳島 | 〒770-0841 | 徳島市八百屋町2-11　ニッセイ徳島ビル8F | 088-657-3081 |

■愛媛県

| 松山 | 〒790-0005 | 松山市花園町1-3　日本生命松山市駅前ビル5F | 089-931-6120 |

■福岡県

| 北九州 | 〒806-0036 | 北九州市八幡西区西曲里町2-1　黒崎テクノプラザⅠ1F | 093-645-6200 |

■佐賀県

| 鳥栖 | 〒841-0052 | 鳥栖市宿町1118　鳥栖市役所東別館1F | 0942-50-8151 |

■長崎県

| 長崎 | 〒852-8135 | 長崎県長崎市千歳町2-6　いわさきビル5階 | 095-842-5121 |

■熊本県

| 熊本 | 〒860-0806 | 熊本市中央区花畑町4-1　太陽生命熊本第2ビル3F | 096-206-2444 |

■大分県

街角

| 中津 | 〒871-0058 | 中津市豊田町14-3 棟2F | 中津市役所別 | 0979-64-7990 |

■宮崎県

| 宮崎 | 〒880-0902 | 宮崎市大淀4-6-28 | 宮交シティ2F | 0985-63-1066 |

■鹿児島県

| 鹿児島 | 〒892-0825 | 鹿児島市大黒町2-11 ビル6F | 南星いづろ | 099-295-3348 |

本部	〒160-8507	新宿区四谷1-6-1　YOTSUYA TOWER 6F	03-6680-8871
北海道	〒001-8511	札幌市北区北10条西3-23-1　THE PEAK　SAPPORO	011-726-0352
青森	〒030-8552	青森市長島2-25-3　ニッセイ青森センタービル	017-721-2799
岩手	〒020-8508	盛岡市中央通1-7-25　朝日生命盛岡中央通ビル	019-604-9009
宮城	〒980-8561	仙台市青葉区国分町3-6-1　仙台パークビル	022-714-6850
秋田	〒010-8507	秋田市旭北錦町5-50　シティビル秋田2F	018-883-1800
山形	〒990-8587	山形市幸町18-20　JA山形市本店ビル	023-629-7225
福島	〒960-8546	福島市栄町6-6　ユニックスビル8F	024-523-3915
茨城	〒310-8502	水戸市南町3-4-57　水戸セントラルビル	029-303-1500
栃木	〒320-8514	宇都宮市泉町6-20　宇都宮DIビル7F	028-616-1691
群馬	〒371-8516	前橋市本町2-2-12　前橋本町スクエアビル	027-219-2100
埼玉	〒330-8686	さいたま市大宮区錦町682-2　大宮情報文化センター（JACK大宮）16F	048-658-5919
千葉	〒260-8645	千葉市中央区新町3-13　日本生命千葉駅前ビル2F	043-382-8311
東京	〒164-8540	中野区中野4-10-2　中野セントラルパークサウス7F	03-6853-6111
神奈川	〒220-8538	横浜市西区みなとみらい4-6-2　みなとみらいグランドセントラルタワー9F	045-270-8431
新潟	〒950-8513	新潟市中央区東大通2-4-4　日生不動産東大通ビル3F	025-242-0260
富山	〒930-8561	富山市奥田新町8-1　ボルファートとやま	076-431-6155
石川	〒920-8767	金沢市南町4-55　WAKITA金沢ビル	076-264-7200

協会けんぽ

福井	〒910-8541	福井市大手3-7-1　福井県繊協ビル9F	0776-27-8301
山梨	〒400-8559	甲府市丸の内3-32-12　甲府ニッセイスカイビル	055-220-7750
長野	〒380-8583	長野市南長野西後町1597-1　長野朝日八十二ビル	026-238-1250
岐阜	〒500-8667	岐阜市橋本町2-8　濃飛ニッセイビル	058-255-5155
静岡	〒420-8512	静岡市葵区呉服町1丁目1-2　静岡呉服町スクエア	054-275-2770
愛知	〒450-6363	名古屋市中村区名駅1-1-1　JPタワー名古屋23F	052-856-1490
三重	〒514-1195	津市栄町4-255　津栄町三交ビル	059-225-3311
滋賀	〒520-8513	大津市梅林1-3-10　滋賀ビル	077-522-1099
京都	〒604-8508	京都市中京区烏丸通六角下ル七観音町634　カラスマプラザ21	075-256-8630
大阪	〒550-8510	大阪市西区靱本町1-11-7　信濃橋三井ビル	06-7711-4300
兵庫	〒651-8512	神戸市中央区磯上通7-1-5　三宮プラザEAST	078-252-8701
奈良	〒630-8535	奈良市大宮町7-1-33　奈良センタービル	0742-30-3700
和歌山	〒640-8516	和歌山市六番丁5　和歌山六番丁801ビル	073-421-3100
鳥取	〒680-8560	鳥取市今町2丁目112番地　アクティ日ノ丸総本社ビル5F	0857-25-0050
島根	〒690-8531	松江市殿町383　山陰中央ビル2F	0852-59-5139
岡山	〒700-8506	岡山市北区本町6-36　第一セントラルビル	086-803-5780
広島	〒732-8512	広島市東区光町1-10-19　日本生命広島光町ビル	082-568-1011
山口	〒754-8522	山口市小郡下郷312-2　山本ビル第3	083-974-0530
徳島	〒770-8541	徳島市八百屋町2-11　ニッセイ徳島ビル	088-602-0250
香川	〒760-8564	高松市鍛冶屋町3　香川三友ビル	087-811-0570
愛媛	〒790-8546	松山市千舟町4-6-3　アヴァンサチ舟1F	089-947-2100

高知	〒780-8501	高知市本町4-2-40　ニッセイ高知ビル	088-820-6010
福岡	〒812-8670	福岡市博多区上呉服町10-1　博多三井ビルディング	092-283-7621
佐賀	〒840-8560	佐賀市駅南本町6-4　佐賀中央第一生命ビル	0952-27-0611
長崎	〒850-8537	長崎市大黒町9-22　大久保大黒町ビル本館	095-829-6000
熊本	〒862-8520	熊本市中央区水前寺1-20-22　水前寺センタービル	096-340-0260
大分	〒870-8570	大分市金池南1-5-1　ホルトホール大分(MNCタウン2F)	097-573-5630
宮崎	〒880-8546	宮崎市橘通東1-7-4　第一宮銀ビル	0985-35-5364
鹿児島	〒892-8540	鹿児島市山之口町1-10　鹿児島中央ビル6F	099-219-1734
沖縄	〒900-8512	那覇市旭町114-4　おきでん那覇ビル	098-951-2211

協会けんぽ

■北海道厚生局

| （総務課） | 〒060-0808 | 札幌市北区北8条西2丁目1番1号　札幌第1合同庁舎8F | 011-709-2311 |

■東北厚生局

（総務課）	〒980-8426	宮城県仙台市青葉区花京院1-1-20　花京院スクエア21F	022-726-9260
青森	〒030-0801	青森市新町2-4-25　青森合同庁舎6F	017-724-9200
岩手	〒020-0024	盛岡市菜園1-12-18　盛岡菜園センタービル2F	019-907-9070
秋田	〒010-0951	秋田市山王7丁目1-4　秋田第二合同庁舎4F	018-800-7080
山形	〒990-0041	山形市緑町2-15-3　山形第二地方合同庁舎1F	023-609-0140
福島	〒960-8021	福島市霞町1-46　福島合同庁舎4F	024-503-5030

■関東信越厚生局

（総務課）	〒330-9713	埼玉県さいたま市中央区新都心1番地1　さいたま新都心合同庁舎1号館7F	048-740-0711
茨城	〒310-0061	水戸市北見町1-11　水戸地方合同庁舎4F	029-277-1316
栃木	〒320-0043	宇都宮市桜5-1-13　宇都宮地方合同庁舎5F	028-341-8486
群馬	〒371-0024	前橋市表町2-2-6　前橋ファーストビルディング7F	027-896-0488
千葉	〒260-0024	千葉市中央区中央港1-12-2　千葉港湾合同庁舎5F	043-382-8101
東京	〒163-1111	新宿区西新宿6-22-1　新宿スクエアタワー11F	03-6692-5119
神奈川	〒231-0015	横浜市中区尾上町1-6　ICON関内6F	045-270-2053
新潟	〒950-0088	新潟市中央区万代2-3-6　新潟東京海上日動ビルディング1F	025-364-1847
山梨	〒400-0031	甲府市丸の内1-1-18　甲府合同庁舎9F	055-209-1001
長野	〒380-0846	長野市旭町1108　長野第2合同庁舎4F	026-474-4346

厚生局

■東海北陸厚生局

（総務課）	〒461-0011	愛知県名古屋市東区白壁1-15-1 名古屋合同庁舎第3号館3F	052-971-8831
富山	〒930-0085	富山市丸の内1-5-13　富山丸の内合同庁舎5F	076-439-6570
石川	〒920-0024	金沢市西念3丁目4-1　金沢駅西合同庁舎7F	076-210-5140
岐阜	〒500-8114	岐阜市金竜町5-13　岐阜合同庁舎4F	058-249-1822
静岡	〒424-0825	静岡市清水区松原町2-15　清水合同庁舎3F	054-355-2015
三重	〒514-0033	津市丸之内26-8　津合同庁舎4F	059-213-3533

■近畿厚生局

（総務課）	〒541-8556	大阪府大阪市中央区大手前4-1-76 大阪合同庁舎第4号館3F	06-6942-2241
福井	〒910-0019	福井市春山1-1-54　福井春山合同庁舎7F	0776-25-5373
滋賀	〒520-0044	大津市京町3-1-1　大津びわ湖合同庁舎6F	077-526-8114
京都	〒604-8153	京都市中京区烏丸通四条上ル笋町691　りそな京都ビル5F	075-256-8681
兵庫	〒651-0073	神戸市中央区脇浜海岸通1-4-3　神戸防災合同庁舎2F	078-325-8925
奈良	〒630-8115	奈良市大宮町1-1-15　ニッセイ奈良駅前ビル2F	0742-25-5520
和歌山	〒640-8143	和歌山市二番丁3　和歌山地方合同庁舎5F	073-421-8311

■中国四国厚生局

（総務課）	〒730-0012	広島県広島市中区上八丁堀6-30 広島合同庁舎4号館2F	082-223-8181
鳥取	〒680-0842	鳥取市吉方109　鳥取第3地方合同庁舎2F	0857-30-0860
島根	〒690-0841	松江市向島町134-10　松江地方合同庁舎6F	0852-61-0108
岡山	〒700-0907	岡山市北区下石井1-4-1　岡山第2合同庁舎11F	086-239-1275
山口	〒753-0094	山口市野田35-1　山口野田合同庁舎1F	083-902-3171

■四国厚生支局

(総務課)	〒760-0019	香川県高松市サンポート3-33　高松サンポート合同庁舎4F	087-851-9565
徳島	〒770-0941	徳島市万代町3丁目5番地　徳島第2地方合同庁舎4F	088-602-1386
愛媛	〒790-0066	松山市宮田町188番地6　松山地方合同庁舎1F	089-986-3156
高知	〒780-0850	高知市丸の内1-3-30　四国森林管理局庁舎1F	088-826-3116

■九州厚生局

(総務課)	〒812-0011	福岡県福岡市博多区博多駅前3-2-8　住友生命博多ビル4F	092-707-1115
佐賀	〒840-0801	佐賀市駅前中央3-3-20　佐賀第2合同庁舎7F	0952-20-1610
長崎	〒850-0033	長崎市万才町7-1　TBM長崎ビル12F	095-801-4201
熊本	〒862-0971	熊本市中央区大江3-1-53　熊本第二合同庁舎4F	096-284-8001
大分	〒870-0016	大分市新川町2-1-36　大分合同庁舎1F	097-535-8061
宮崎	〒880-0816	宮崎市江平東2-6-35　3F	0985-72-8880
鹿児島	〒890-0068	鹿児島市東郡元町4-1　鹿児島第2地方合同庁舎3F	099-201-5801
沖縄	〒900-0022	那覇市樋川1-15-15　那覇第一地方合同庁舎西棟2F	098-833-6006

厚生局

満年齢早見表(令和5年・2023年)

和暦	西暦	年齢	干支	和暦	西暦	年齢	干支	和暦	西暦	年齢	干支
明治44	1911	112	亥	昭和23	1948	75	子	昭和62	1987	36	卯
明治45	1912	111	子	昭和24	1949	74	丑	昭和63	1988	35	辰
大正 元	1912	111	子	昭和25	1950	73	寅	昭和64	1989	34	巳
大正 2	1913	110	丑	昭和26	1951	72	卯	平成 元	1989	34	巳
大正 3	1914	109	寅	昭和27	1952	71	辰	平成 2	1990	33	午
大正 4	1915	108	卯	昭和28	1953	70	巳	平成 3	1991	32	未
大正 5	1916	107	辰	昭和29	1954	69	午	平成 4	1992	31	申
大正 6	1917	106	巳	昭和30	1955	68	未	平成 5	1993	30	酉
大正 7	1918	105	午	昭和31	1956	67	申	平成 6	1994	29	戌
大正 8	1919	104	未	昭和32	1957	66	酉	平成 7	1995	28	亥
大正 9	1920	103	申	昭和33	1958	65	戌	平成 8	1996	27	子
大正10	1921	102	酉	昭和34	1959	64	亥	平成 9	1997	26	丑
大正11	1922	101	戌	昭和35	1960	63	子	平成10	1998	25	寅
大正12	1923	100	亥	昭和36	1961	62	丑	平成11	1999	24	卯
大正13	1924	99	子	昭和37	1962	61	寅	平成12	2000	23	辰
大正14	1925	98	丑	昭和38	1963	60	卯	平成13	2001	22	巳
大正15	1926	97	寅	昭和39	1964	59	辰	平成14	2002	21	午
昭和 元	1926	97	寅	昭和40	1965	58	巳	平成15	2003	20	未
昭和 2	1927	96	卯	昭和41	1966	57	午	平成16	2004	19	申
昭和 3	1928	95	辰	昭和42	1967	56	未	平成17	2005	18	酉
昭和 4	1929	94	巳	昭和43	1968	55	申	平成18	2006	17	戌
昭和 5	1930	93	午	昭和44	1969	54	酉	平成19	2007	16	亥
昭和 6	1931	92	未	昭和45	1970	53	戌	平成20	2008	15	子
昭和 7	1932	91	申	昭和46	1971	52	亥	平成21	2009	14	丑
昭和 8	1933	90	酉	昭和47	1972	51	子	平成22	2010	13	寅
昭和 9	1934	89	戌	昭和48	1973	50	丑	平成23	2011	12	卯
昭和10	1935	88	亥	昭和49	1974	49	寅	平成24	2012	11	辰
昭和11	1936	87	子	昭和50	1975	48	卯	平成25	2013	10	巳
昭和12	1937	86	丑	昭和51	1976	47	辰	平成26	2014	9	午
昭和13	1938	85	寅	昭和52	1977	46	巳	平成27	2015	8	未
昭和14	1939	84	卯	昭和53	1978	45	午	平成28	2016	7	申
昭和15	1940	83	辰	昭和54	1979	44	未	平成29	2017	6	酉
昭和16	1941	82	巳	昭和55	1980	43	申	平成30	2018	5	戌
昭和17	1942	81	午	昭和56	1981	42	酉	平成31	2019	4	亥
昭和18	1943	80	未	昭和57	1982	41	戌	令和 元	2019	4	亥
昭和19	1944	79	申	昭和58	1983	40	亥	令和 2	2020	3	子
昭和20	1945	78	酉	昭和59	1984	39	子	令和 3	2021	2	丑
昭和21	1946	77	戌	昭和60	1985	38	丑	令和 4	2022	1	寅
昭和22	1947	76	亥	昭和61	1986	37	寅	令和 5	2023	0	卯

※年齢は誕生日以後の満年齢。誕生日までは、1を減じた年齢。

2023年版
社会保険ブック

平成16年11月19日	初版第 1 刷発行
平成17年12月14日	改訂第 2 版発行
平成18年11月11日	改訂第 3 版発行
平成19年11月 6 日	改訂第 4 版発行
平成20年11月25日	改訂第 5 版発行
平成22年 1 月15日	改訂第 6 版発行
平成22年12月24日	改訂第 7 版発行
平成24年 1 月17日	改訂第 8 版発行
平成25年 4 月26日	改訂第 9 版発行
平成26年 4 月26日	改訂第10版発行
平成28年 5 月16日	改訂第11版発行
平成28年 5 月 8 日	改訂第12版発行
平成30年 5 月 7 日	改訂第13版発行
令和元年 5 月10日	改訂第14版発行
令和 2 年 5 月11日	改訂第15版発行
令和 3 年 5 月10日	改訂第16版発行
令和 4 年 5 月10日	改訂第17版発行
令和 5 年 5 月10日	改訂第18版発行

発　　行　　　　株式会社　健康と年金出版社
　　　　　　　　〒231-0015
　　　　　　　　神奈川県横浜市中区尾上町1-6
　　　　　　　　TEL：045-664-4677
　　　　　　　　FAX：045-664-4680
　　　　　　　　URL：https://www.ken-nen.co.jp/
印刷・製本　　　シナノ印刷株式会社

©2023 Printed in Japan

ISBN978-4-901354-94-3